BISCOITOS,
COOKIES
& pequenas mordidas

ADMINISTRAÇÃO REGIONAL DO SENAC NO ESTADO DE SÃO PAULO
Presidente do Conselho Regional: Abram Szajman
Diretor do Departamento Regional: Luiz Francisco de A. Salgado
Superintendente Universitário e de Desenvolvimento: Luiz Carlos Dourado

EDITORA SENAC SÃO PAULO
Conselho Editorial: Luiz Francisco de A. Salgado
                    Luiz Carlos Dourado
                    Darcio Sayad Maia
                    Lucila Mara Sbrana Sciotti
                    Luís Américo Tousi Botelho

Gerente/Publisher: Luís Américo Tousi Botelho
Coordenação Editorial: Ricardo Diana
Prospecção: Dolores Crisci Manzano
Administrativo: Verônica Pirani de Oliveira
Comercial: Aldair Novais Pereira

Edição e Preparação de Texto: Vanessa Rodrigues
Coordenação de Revisão: Luiza Elena Luchini
Revisão de Texto: Albertina P. L. Piva, Carolina Hidalgo Castelani
Projeto Gráfico, Capa e Editoração Eletrônica: Antonio Carlos De Angelis
Fotos: Toddy Holland 6-7, 10, 12-13, 17, 18-19, 26, 36-37, 40, 52-53, 86-87, 94, 96, 98, 103, 105, 107, 108,
113, 119, 122, 129, 133, 141, 144, 145, 156-157, 158, 161, 167, 169, 173, 177, 179, 181, 183, 189, 193, 198-199,
205, 206-207, 210, 211, 212, 221, 222-223, 227, 228-229, 232, 235, 239, 241, 249, 251, 253, 261, 263. Autora
21, 47, 64-65, 74, 80, 82, 88, 93, 105, 113, 117, 118, 120, 124-125, 151, 215, 216-217, 232-233, 240, 244, 256-
257. GettyImages 1, 3, 4-5, 8, 23-25, 28-29, 35, 50, 58, 60, 66-67, 68, 73, 111, 137, 164-165, 202, 218, 245.
Coordenação de E-books: Rodolfo Santana
Impressão e Acabamento: Gráfica Serrano

Proibida a reprodução sem autorização expressa.
Todos os direitos desta edição reservados à
Editora Senac São Paulo
Av. Engenheiro Eusébio Stevaux, 823 – Prédio Editora
Jurubatuba – CEP 04696-000 – São Paulo – SP
Tel. (11) 2187-4450
editora@sp.senac.br
https://www.editorasenacsp.com.br

© Editora Senac São Paulo, 2020

Dados Internacionais de Catalogação na Publicação (CIP)
(Jeane Passos de Souza – CRB 8ª/6189)

Canella-Rawls, Sandra
    Biscoitos, cookies & pequenas mordidas / Sandra
Canella-Rawls. – São Paulo : Editora Senac São Paulo,
2020.

    Bibliografia.
    Índice de receitas.
    ISBN 978-85-396-3116-2 (impresso/2020)
    e-ISBN 978-85-396-3117-9 (ePub/2020)
    e-ISBN 978-85-396-3118-6 (PDF/2020)

    1. Confeitaria   2. Técnicas culinárias : Biscoitos
3. Culinária : biscoitos (receitas e preparo)   I. Título.

20-1071t   CDD – 641.8654
                                      BISAC CKB021000

Índice para catálogo sistemático:
Confeitaria (receitas e preparo) : Biscoitos   641.8654

SANDRA CANELLA-RAWLS

Editora Senac São Paulo – São Paulo – 2020

Produtos presentes na foto: biscoitos por extrusão (spritz, Strassburger), cookies boleados a mão (chocolate chip cookie, cookie de amendoim), biscoitos de massa para corte.

NOTA DO EDITOR 7
AGRADECIMENTOS 9
O CHEF PURISTA 11

SUMÁRIO

REFERÊNCIAS 264
ÍNDICE DE RECEITAS 264

PARTE I
A CIÊNCIA NA PRODUÇÃO DE COOKIES E BISCOITOS

FARINHAS 27
AÇÚCARES 41
GORDURAS 51
OVOS 61
SAL 69
LEVEDANTES 75
FLAVORIZANTES 83
CACAU & CHOCOLATE 89
MISTURA DA MASSA E DETALHES DA COCÇÃO 97
CLASSIFICAÇÃO DOS BISCOITOS 109

PARTE II
RECEITAS E FÓRMULAS

COOKIES DISPENSADOS COM BOLEADOR OU BOLEADOS A MÃO 121
BISCOITOS CRAQUELADOS E ENROLADOS EM AÇÚCAR 131
COOKIES DE REFRIGERADOR (ICEBOX COOKIES) 139
SHORTBREADS 147
BISCOITOS FATIADOS OU PORCIONADOS 153
BISCOITOS INTEGRAIS, DE FARINHAS ALTERNATIVAS E GLÚTEN FREE 163
AMIDOS & FÉCULAS 175
VEGANOS 185
SABLÉS 195
BISCOITOS DE MASSA PARA CORTE 201
TÉCNICAS PARA DECORAR 209
BISCOITOS POR IMPRESSÃO 213
BISCOITOS RECHEADOS 225
BISCOITOS POR EXTRUSÃO E MANGUEADOS 237
BISCOITOS MOLDADOS 247
BISCOITOS FINOS E DECORATIVOS 259

Icebox cookie de chocolate.

NOTA DO EDITOR

As receitas de biscoitos e cookies, embora relativamente simples, apresentam desafios. Mais açúcar faz produtos mais crocantes? Qual a proporção correta de açúcar branco e açúcar mascavo? Manteiga sólida ou amolecida? Óleo de coco ou manteiga de coco? Bater a farinha ou misturá-la? Falando em farinha, quais os resultados das opções glúten free? E para os veganos? Como utilizar os ingredientes substitutos de ovos, leite e manteiga?

Com tantas perguntas a explorar, nos últimos anos Sandra Canella-Rawls fez, refez, provou, modificou e fez novamente biscoitos e cookies de todo tipo. Observou a atuação de cada matéria-prima, comparou a influência das temperaturas, estabeleceu as maneiras mais eficientes de modelar, não deixando nenhuma gota de chocolate de fora na busca pelo melhor chocolate chip cookie. Centenas de testes e (pelas contas da autora) 10 mil biscoitos mais tarde, ela tem muitas respostas, que compartilha nestas páginas.

Com a presente obra, o Senac São Paulo – referência em educação gastronômica – corrobora uma tese de Sandra Canella: mesmo que as definições de "melhor" cookie possam ser diferentes, o conhecimento sobre como os ingredientes interagem permite que o leitor ajuste cada receita conforme seu gosto. Nesse aprendizado, ele percorre uma ampla variedade de fórmulas selecionadas com capricho: desde cookies robustos para compor um café da manhã até pequenas guloseimas de comer aos punhados. Independentemente do tamanho, todos ricos em sabor e em informação.

DEDICO ESTE LIVRO A MINHA MÃE, ZILMEIA CANELLA.
A SEU BOM HUMOR, SUA RESILIÊNCIA E SEU AMOR INCONDICIONAL.

O PRIMEIRO PROFESSOR
DE UMA CRIANÇA É SUA MÃE.

PENG LIYUAN

My favorite oatmeal cookie.

AGRADECIMENTOS Eu gostaria de expressar minha gratidão a todas as pessoas que me auxiliaram ao longo da elaboração deste livro. Seriam muitas, então faço um agradecimento generalizado a todos os que estiveram presentes nesse caminho. Sua ajuda foi enormemente apreciada e me permitiu completar mais este projeto.

Em particular, gostaria de agradecer a minha família e minhas amigas Elaine Fonseca e Telma Cordeiro, que me apoiaram, me escutaram e me encorajaram em mais uma jornada de pesquisa e aplicação de conhecimentos.

Obrigada à minha editora, minha cara Márcia Cavalheiro, que me apoiou desde a submissão da proposta deste livro e durante as diversas versões do manuscrito. Vanessa Rodrigues auxiliou-me a colocar as peças em seus devidos lugares e organizá-las para lograr esta versão final.

As fotos foram outra parte fundamental para a qualidade do projeto, e Toddy Holland capturou minha mensagem e meu estilo em imagens lindas, as quais, espero, venham a inspirar meus leitores e alunos.

Aliás, somos todos estudantes e continuamos a aprender ao longo de nossas carreiras. Desejo que meu leitor faça tantas descobertas durante a leitura deste livro quanto eu fiz ao longo de sua elaboração.

Massa do bourbon & custard cream biscuit.

PURISTA DESIGNA
A PESSOA QUE INSISTE
EM GRANDE PRECISÃO
E EM CORREÇÃO.
PARA O PURISTA,
BRINCAR COM O CLÁSSICO
É UM SACRILÉGIO.

Modelagem do biscoito xadrez (checkerboard cookie).

NÃO FAÇO ATALHOS. Não que na cozinha não existam atalhos plausíveis, até lógicos. Mas, quando fazemos nossos biscoitinhos e outras massas, a reação físico-química é substancial e totalitária. Mudou uma porcentagem, uma temperatura, um método, um ingrediente... mudou tudo! Graduei-me, com orgulho, na Johnson & Wales University, mais de vinte anos atrás. Saí com um diploma, muita curiosidade, muita disciplina para cruzar os Estados Unidos, Brasil e vizinhanças, trabalhei com chefs talentosos e fantásticos – uns, dóceis; outros, simplesmente grotescos. Trabalhei nas melhores universidades desses países, escrevi, ainda tenho a paciência de dar aulas curriculares, simplesmente porque adoro formar, despertar o interesse de meus alunos. A cultura gastronômica trouxe à minha vida ordinária o cunho de estar sempre à procura de técnicas de culinária e originalidade, singularidade.

A cozinha doce e de massas, para mim, é como que formada por pequenas joias dispostas em displays de vidro. A procura por ingredientes mais frescos, sazonais, finos, únicos, de qualidade, que serão criteriosamente submetidos a uma elaboração detalhada, longa, às vezes, apresentada de maneira quase mágica. O segredo do sucesso está exatamente em não se cortarem cantos, não sucumbir a atalhos, manter a excelência e o compromisso com a cultura, os ingredientes, as formas, os consumidores, a nutrição, enfim, a qualidade – a própria definição de um chef purista. A coisa real, ou, como dizem os norte-americanos, the real thing, sem a contaminação de pozinhos industriais mágicos, sem conservantes, sem nomes químicos esquisitões.

Por essa razão me autoqualifico uma padeira purista, uma chef purista, que desenvolveu um amor tremendo por assar e um compromisso com o feito a mão, com o artesanal.

Hoje celebrados e apresentados em um sem-número de sabores e versões, cookies, biscoitos, bolachas, enfim, essas pequenas mordidas surgiram como um subproduto, um teste: uma pequena quantidade da massa de bolo era levada para verificar a temperatura do forno, antes de ser assado o bolo inteiro. As pequenas amostras foram apelidadas por uma expressão holandesa, koekje, que significa "pequeno bolo". Na Inglaterra, os cookies são chamados de biscuits; na Espanha, de galletas; os alemães os chamam de keks; os brasileiros usam o nome biscoitos, e os italianos, biscotti.

Foram os imigrantes oriundos da Itália, da Inglaterra, da Escócia e da Alemanha, além de outros, que levaram os primeiros cookies para o continente americano. A dona de casa colonial tinha grande orgulho de seus pequenos confeitos, quase sempre chamados de "bolos de chá". Eram frequentemente aromatizados com nada mais do que a melhor manteiga, às vezes com a adição de algumas gotas de água de rosas ou de flor de laranjeira. Nos primeiros livros norte-americanos de receitas, esses bolinhos não ganhavam um espaço próprio: eram listados ao final do capítulo de bolo, designados por nomes intrigantes e caprichosos como plunkets e cry babies ("bebês chorões").

MEU LIVRO

Após mais de duas décadas de elaboração, comando, supervisão, treinamento e ensino, bem como escrita de livros, ainda sou apaixonada e intrigada pela ciência e pela arte por trás da confeitaria, da *viennoiserie*, da *boulangerie*, da *pâtisserie*, seja lá qual melhor expressão para #VidaNaCozinhaDoceEFermentada#.

A fabricação de biscoitos e cookies é fascinante e, por vezes, frustrante. Por que o biscoito se esfarelou ou rachou? Quanto o cookie vai se espalhar quando assado? Por que minha massa não flocou?

Um dos medos mais comuns que meus alunos expressam é a implacável precisão de medidas, técnicas e produtos elaborados por um chef padeiro e confeiteiro. O compromisso de seguir uma receita, medindo com exatidão, utilizando métodos específicos, assusta-os! Ficam desconcertados com a ideia de serem comandados por reações químicas e físicas. Na culinária, se estiver faltando sal em um prato, apenas uma pitada irá corrigi-lo. Já em uma receita de sonho, por exemplo, caso falte sal, não haverá sonho algum, mas uma massa pálida, gigantesca e monstruosa!

Compreender as transformações e os processos que ocorrem durante a elaboração de biscoitos e outros itens de massa delicada vem de minha necessidade de produzir essas guloseimas da maneira que aprecio, tecnicamente correta, sem adições ou subtrações. Apenas o que é para ser.

A confeitaria, tal qual a panificação, é definida por regras. Mais especificamente, por um jogo de regras que envolve vários processos paralelos igualmente fundamentais, como a qualidade, a temperatura e a proporção de ingredientes básicos, incluindo ovos, açúcar, gorduras, farinhas, sal, especiarias, fragrâncias e essências, chocolate, produtos lácticos escolhidos consistentemente, manipulados e finalizados da mesma forma, para atingir um patamar de produto satisfatório. Por isso, também me dedico a explorar o papel de cada um deles em uma receita.

Conforme elaboramos essas pequenas delícias, crescem os questionamentos, e neste livro exploro por que tais variações ocorrem e como preveni-las pela aplicação de princípios científicos regidos pelas reações físicas e químicas, mas com uma boa dose de criatividade e técnica. Quando se trata de refogar um peito de frango ou fazer um prato de macarrão, muitos cozinheiros se sentem confiantes. Mas, quando assamos, a história é completamente diferente. A estrutura de um produto como um biscoito tem de partir do zero, em um processo que envolve técnica e precisão, bem ao estilo purista.

Para o leitor que decida levar as receitas que apresento aqui por outros caminhos, devo dizer, em nome do bom resultado, que, mesmo que apenas um ingrediente seja modificado, a receita deve ser reajustada, o que implica uma série de experiências de tentativa e erro. Como sempre digo em minha sala de aula, ande antes de tentar alçar voo! Esteja confortável com a receita original antes de buscar reinventá-la.

Ajustes e mudanças nas receitas deveriam ser evitados em minha opinião, mas, caso você tenha uma personalidade que adora arriscar, tome notas de todas as modificações. Talvez minhas pequenas reflexões sirvam para auxiliar as mudanças. Tente a receita algumas vezes; caso considere que ela não está bem balanceada para os ingredientes, os equipamentos, o tamanho de sua produção, de seu forno, busque uma receita confiável e despreze a antiga que não lhe serve. Não sou fã de executar uma construção pelo teto, mas pela base. Então, despreze a receita que não funciona, busque boas referências, de bons autores e profissionais respeitados.

REGRAS BÁSICAS

Estou lecionando há muito tempo, principalmente em escolas norte-americanas, no Peru e no Brasil. As páginas que seguem sumarizam minhas notas mais precisas, fundamentais, nuances que só se podem constatar por meio de uma observação rigorosa, de muita prática, em cozinha e em sala de aula – a qual prefiro chamar de LAB, ou laboratório. Esses apontamentos delineiam regras básicas e diretrizes que deveriam ser seguidas quando se executa qualquer receita, preparação ou fórmula. Para mim, tornaram-se minha segunda natureza, afinal já passei mais tempo em cozinhas profissionais do que com minha própria família! Minha motivação para escrever essas histórias, observações e aplicações está em auxiliar meu leitor e meu interlocutor a responder a questões que estão sem respostas há muito tempo – e a mais algumas ainda por vir!

Por favor, assim como eu investi tempo, cuidado e profissionalismo organizando este material e selecionando cuidadosamente algumas de minhas melhores fórmulas e receitas, seja bondoso o suficiente para organizar-se e aproveitar ao máximo as páginas que percorreremos juntos. Por favor, dedique-se. Sem seu compromisso de levar esta nossa experiência a sério, sairemos em desvantagem! Leia, aplique... divirta-se; desfrute!

E tenha em mente as regras fundamentais antes de iniciar uma preparação:

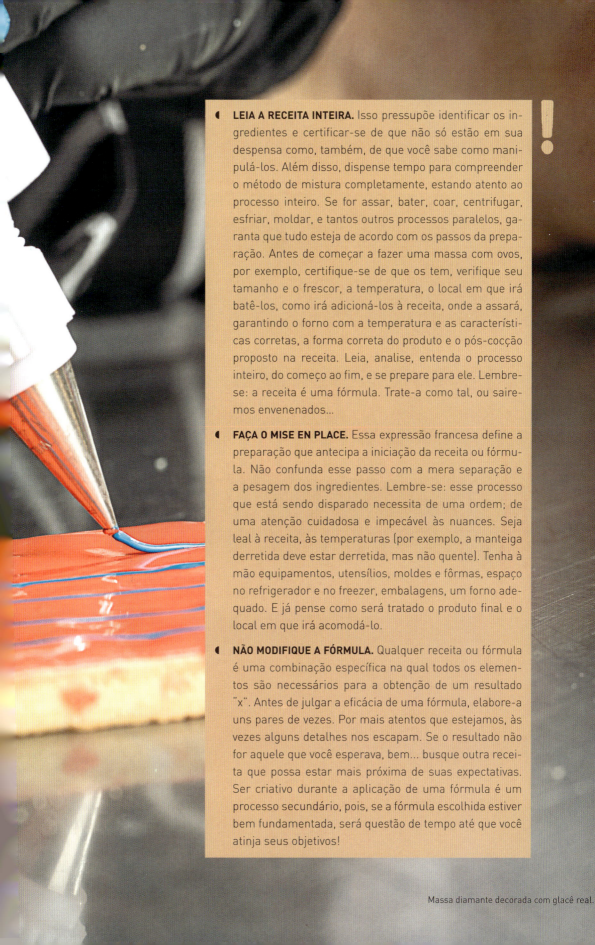

◀ **LEIA A RECEITA INTEIRA.** Isso pressupõe identificar os ingredientes e certificar-se de que não só estão em sua despensa como, também, de que você sabe como manipulá-los. Além disso, dispense tempo para compreender o método de mistura completamente, estando atento ao processo inteiro. Se for assar, bater, coar, centrifugar, esfriar, moldar, e tantos outros processos paralelos, garanta que tudo esteja de acordo com os passos da preparação. Antes de começar a fazer uma massa com ovos, por exemplo, certifique-se de que os tem, verifique seu tamanho e o frescor, a temperatura, o local em que irá batê-los, como irá adicioná-los à receita, onde a assará, garantindo o forno com a temperatura e as características corretas, a forma correta do produto e o pós-cocção proposto na receita. Leia, analise, entenda o processo inteiro, do começo ao fim, e se prepare para ele. Lembre-se: a receita é uma fórmula. Trate-a como tal, ou sairemos envenenados...

◀ **FAÇA O MISE EN PLACE.** Essa expressão francesa define a preparação que antecipa a iniciação da receita ou fórmula. Não confunda esse passo com a mera separação e a pesagem dos ingredientes. Lembre-se: esse processo que está sendo disparado necessita de uma ordem; de uma atenção cuidadosa e impecável às nuances. Seja leal à receita, às temperaturas (por exemplo, a manteiga derretida deve estar derretida, mas não quente). Tenha à mão equipamentos, utensílios, moldes e fôrmas, espaço no refrigerador e no freezer, embalagens, um forno adequado. E já pense como será tratado o produto final e o local em que irá acomodá-lo.

◀ **NÃO MODIFIQUE A FÓRMULA.** Qualquer receita ou fórmula é uma combinação específica na qual todos os elementos são necessários para a obtenção de um resultado "x". Antes de julgar a eficácia de uma fórmula, elabore-a uns pares de vezes. Por mais atentos que estejamos, às vezes alguns detalhes nos escapam. Se o resultado não for aquele que você esperava, bem... busque outra receita que possa estar mais próxima de suas expectativas. Ser criativo durante a aplicação de uma fórmula é um processo secundário, pois, se a fórmula escolhida estiver bem fundamentada, será questão de tempo até que você atinja seus objetivos!

Massa diamante decorada com glacê real.

Modelagem do tuile.

PARTE I

A CIÊNCIA NA PRODUÇÃO DE COOKIES E BISCOITOS

Preparo do financier.

UMA RECEITA OU FÓRMULA BALANCEADA

necessita de que todos os ingredientes trabalhem juntos para disparar uma reação físico-química correta e criar a mais saborosa e perfeita preparação.

A maioria dos biscoitos e cookies é feita de uma massa rica. Geralmente eles contêm boa quantidade de gordura, o que contribui para o sabor e a textura e prolonga sua vida útil. A gordura, agente umidificante e lubrificante, compõe com a farinha (agente estruturante) e o açúcar (agente edulcorante e flavorizante) os três principais ingredientes de quase todos os tipos de biscoitos. Mas também encontramos outros insumos, como levedantes, ovos, cacau e chocolate, oleaginosas, especiarias. Cada um é utilizado para a obtenção de características e resultados específicos.

FARINHAS

Farinha de trigo (em suas variações de proteína ou força), farinha de cereais diversos, amidos e féculas (milho, batata, batata-doce etc.), oleaginosas (avelã, noz, amêndoa, pistacho, castanha-do-pará, entre outras). Alimentos mais tradicionais em geral são compostos de farinha de trigo, mas a utilização de novos ingredientes vem sendo bastante explorada pela indústria da alimentação. As farinhas de trigo "fortes", que proporcionam alto desenvolvimento de glúten, são mais recomendadas para massas fermentadas (pães, brioches). Já farinhas mais "fracas", suaves ou de baixa resistência são particularmente adequadas para shortbreads, biscoitos e panquecas. Nas farinhas "fracas", destaca-se o amido, componente que contribui para a capacidade de hidratação (e não a elasticidade proporcionada pelo glúten).

Alternativas, ver página 32
Aglutinadores para glúten free, ver página 38
Adaptações, ver página 39

AÇÚCARES

Açúcar de cana-de-açúcar ou de beterraba em suas variações de refino, moagem e concentração (refinado, mascavo, melado de cana, açúcar impalpável, entre outros), xarope de milho, mel, xarope de maple (bordo), açúcar de coco, açúcares invertidos... uma ampla variedade de recursos e tipos. Neste livro você não encontrará muita informação ou receitas glúten free, sugar free, com substitutos de açúcar ou sejam lá quais forem os modismos ditados pelas redes sociais. Para as nossas reflexões, a substituição de um açúcar por outro, de uma farinha por outra, privilegia o sentido de funcionalidade, em uma visão mais acadêmica e científica das transformações e reações químicas e físicas que ocorrem nas receitas e fórmulas.

Granulados, ver página 43
Líquidos, ver página 45
Adoçantes, suplementos dietéticos e açúcar-álcool, ver página 48

GORDURAS

Nunca antes se conheceu tamanha oferta de gorduras, o que nos faz despender alguns minutos admirando as prateleiras de nosso supermercado favorito. Desde manteigas tradicionais, com cerca de 80% de lipídeos, até margarinas, com apenas 40% de lipídeos. Vale também mencionar a presença massiva de óleos, que poderíamos adotar como enriquecedores, mas não como base para a produção de massas de confeitaria. Pelo menos, não desta autora, fiel à manteiga de boa qualidade. Assim, neste livro você também não encontrará sugestões de substituição de gordura, pois para mim a manteiga não apenas representa dano menor à saúde como também traz qualidades únicas na fabricação dos biscoitos. A chave sempre é a moderação.

Cor, sabor e temperatura da manteiga, ver página 55
Hidrogenadas, ver página 58
Gorduras do coco, ver página 59

PRODUTOS LÁCTICOS

Produtos de vaca ou de cabra, não fermentados e fermentados (iogurte, creme azedo, crème fraîche, queijos), com adição de açúcar (leite condensado), secos (leite em pó, integral, desnatado, semidesnatado, desnatado seco a altas temperaturas), concentrados (leite condensado, leite evaporado, creme de leite, nata) ou apenas o soro de leite.

Whey, ver página 35

SAL

Sais de diversos tipos, cores e fontes. Na ausência desse ingrediente exacerbador de sabor, os sabores e aromas secundários de um biscoito se anulam, uma vez que o edulcorante (açúcar) dá o único tom. Além de sabor, o sal fortalece a proteína do glúten, fazendo biscoitos e cookies mais mastigáveis e substanciais.

Tipos, ver página 71
Funções na confeitaria, ver página 73

LEVEDANTES

Sal amoníaco, fermento em pó químico, bicarbonato de sódio, cremor de tártaro e o vapor provocado pela presença de ovos e outros ingredientes líquidos na fórmula agem como agentes expansores e texturizadores. Por vezes, ações paralelas são obtidas na utilização desses agentes expansores, como no caso do bicarbonato de sódio, que é mais importante por encorajar a caramelização ou a coloração de cookies e biscoitos do que por suas habilidades expansoras.

Mecânicos, ver página 77
Químicos, ver página 78
Substituições entre levedadores químicos, ver página 81

OVOS

Se as estrelas maiores na elaboração de biscoitos e cookies são a manteiga e o açúcar, os talentosos ovos dão o tom da produção, providenciando o combustível de que todos precisam para a missão: plena umidade, alguma lecitina (um poderoso emulsionante), gordura e proteína. Os atores principais da massa se dirigem aos ovos e se servem: o glúten busca a umidade e um pouco da lecitina, e o açúcar rejuvenesce seu sabor com gordura. A aeração ganha uma ajuda do vapor, a reação de Maillard toma emprestados os pigmentos do caroteno da gema para a coloração (ver página 68), e a textura é garantida pela coagulação da proteína. A presença de ovo em massas de confeitaria auxilia na obtenção de produtos mais substanciosos e mastigáveis (em vez de finos e crocantes).

Diferentes papéis das gemas, das claras e dos ovos inteiros, ver página 62-63
Aquafaba, ver página 67

FLAVORIZANTES

Extratos, emulsões, óleos, especiarias, sucos e concentrados de frutas, raspas cítricas, frutas (frescas, em calda, secas). Esses insumos agregam distinção e caráter aos biscoitos e cookies, embora flavorizantes não possam ser considerados ingredientes verdadeiros, pois pouco alteram a estrutura química e física de uma preparação. Em várias formas, intensidades e consistências, os flavorizantes têm lugar especial na despensa de qualquer doceiro.

Extratos, óleos e essências, ver página 84
Baunilha, ver página 87

CACAU & CHOCOLATE

Ingrediente de muitos dos doces preferidos do público, o chocolate é um alimento complexo, contendo mais de 200 diferentes sabores compostos, determinados pelos tipos de mistura de grãos de cacau utilizados para produzi-lo. Muitas pessoas ficam confusas com os percentuais presentes em uma embalagem de chocolate, pois eles podem se referir ao licor de cacau na mistura (chocolates escuros) ou à manteiga de cacau presente (chocolate branco). Variações sutis são capazes de promover grandes diferenças para os devotos do chocolate.

Percentuais, ver página 91
Cacau em pó, ver página 92
Glossário rápido, ver página 95

MISTURA DA MASSA E DETALHES DA COCÇÃO

Cookies e biscoitos podem não ser supersensíveis, mas a manipulação correta faz a diferença entre o sucesso e o desastre de uma receita. São três os principais métodos de mistura utilizados na elaboração de cookies, biscoitos e massas de confeitaria: cremoso, sablage (arenoso) e esponjoso.

Métodos de mistura, ver página 100
O que acontece com os ingredientes e a massa, ver página 103

CLASSIFICAÇÃO DOS BISCOITOS

Basicamente, eles podem ser duros ou macios, conforme a proporção dos ingredientes utilizados. A classificação didática mais comum organiza biscoitos e cookies de acordo com o modo como são dispensados ou modelados. Para cada técnica específica, um resultado.

Avaliação do cookie, ver página 115

Preparo do rugelach.

FARINHAS

Da esquerda para a direita, em sentido horário: farinha de trigo comum, farinha de espelta, farinha de amêndoa, farinha de centeio, farinha de trigo integral.

A FARINHA É UM INGREDIENTE predominante nas fórmulas e o determinante primário da propagação e da altura. Ela influencia a estrutura e as propriedades de textura do produto final. De massas para tortas aos biscoitos, de cookies aos bolos, assar é a arte de transformar uma farinha em um (delicioso) alimento.

Atualmente, uma incrível variedade de outras farinhas – de coco, batata-doce, banana verde, amêndoa, arroz integral e tantas outras – encontra-se à disposição e é adequada para a preparação de massas, mas esses diferentes ingredientes alteram a reação química e o produto final em até 100%.

Escolha a farinha correta, e a tarefa terá um sucesso garantido na cozinha doce. Escolha a farinha errada e você estará acumulando problemas.

FARINHA DE TRIGO

A farinha de trigo é um agente de endurecimento, pois, em contato com os líquidos da fórmula, suas proteínas (glúten) formam a estrutura principal dos biscoitos e cookies.

No passado, depois de colhido, o trigo era deixado para maturar naturalmente e, então, estocado em silos, preparando-se para as demais intervenções que sofreria até sua classificação e a comercialização. Nesse meio tempo, o oxigênio ia clareando naturalmente o trigo.

Atualmente, a vida do trigo é muito mais curta, e a maturação e o clareamento são provocados por outros fatores. Trigos diferentes, macios ou duros, de diferentes sementes, regiões, climas, são tratados pelo moinho para a obtenção de um produto nivelado. Assim, o trigo duro, com mais proteína, é tratado para ser elaborado em farinhas que oferecem maior suporte para massas fermentadas, com a elasticidade propiciada pelo melhor desenvolvimento do glúten. Na outra ponta, temos a farinha do trigo macio, com quantidade menor de proteína e maior quantidade de amido, tornando-a mais indicada para bolos e biscoitos, ou massas que não necessitem de muita expansão, pois a farinha pouco proteinada pode suportar maiores quantidades de açúcar e gordura sem entrar em colapso.

Entre os dois extremos – trigo duro e macio, rico em proteína ou em amido –, a variação é muito grande. No Brasil, nem sempre temos números que identifiquem esses graus ou a quantidade de glúten. Precisamos experimentar marcas, moinhos, o que torna nossa vida um pouco mais complicada. Assim, uma vez obtido um bom resultado com uma marca, pense em fidelizar, mas prossiga atento a mudanças de coloração, granulosidade e produtos obtidos.

COM OU SEM GLÚTEN

MUITAS FARINHAS PODEM SER NATURALMENTE GLÚTEN FREE. VOCÊ NÃO TEM QUE VIVER NO MUNDO DO "NÃO CONTÉM GLÚTEN" PARA SE APAIXONAR POR UMA OU MUITAS FARINHAS DIFERENTES. APENAS DEVE GOSTAR DE FAZER ALIMENTOS NUTRITIVOS, FUNCIONAIS OU APENAS DELICIOSOS.

Na hora de escolher, tenha em mente, então, as características a seguir:

A **FARINHA PARA PÃO** (ou seja, de alta proteína) pode produzir biscoitos mais escuros, com tendência a formas mais abauladas, pois absorve mais líquido da receita do que qualquer outro tipo de farinha. Por isso, use-a para secar, especialmente nas produções mais crocantes.

A **FARINHA DE TRIGO COMUM** também faz um biscoito crocante, mas comparativamente mais macio do que um cookie elaborado inteiramente com a farinha destinada à panificação.

A **FARINHA PARA BOLO** (ou de baixo glúten) produz biscoitos e cookies mais pálidos, macios e inchados.

A **FARINHA DE TRIGO COM FERMENTO**, como o nome diz, é o produto com adição de fermento em pó e sal. Não a use para substituir nenhuma farinha comum, uma vez que não se sabe a quantidade de fermento e/ou sal adicionada, o que pode conflitar com o conteúdo presente na receita.

COMO TESTAR FARINHAS E GRÃOS:
1 RECEITA, 12 FARINHAS DIFERENTES

Não é necessária uma receita especial para incorporar uma farinha diferente da de trigo ou mesmo substituí-la. Escolha os grãos ou farinhas que gostaria de testar. Uma vez selecionados, decida a quantidade de substituição que irá levar a cabo: 25% parece um grande começo. Combine grãos e farinhas, ou substitua 25% de farinha de trigo por quinoa, por exemplo. Em seguida, escolha a receita a ser testada – talvez a parte mais difícil do experimento.

Algumas farinhas e alguns amidos denunciam sua habilidade de hidratação já na mistura e requerem mudanças imediatas na quantidade de líquido. Outras manifestam suas habilidades de estruturação e esparramação apenas no forno. O teste decisivo vem por último: a degustação. Esse é subjetivo, não só porque sentimos sabores e texturas de formas diversas mas também porque alguns de nós tendemos a não querer arriscar, enquanto outros apresentam dietas mais abertas e curiosidade gastronômica mais intensa!

FARINHA DE GRÃO-DE-BICO

Extraída da moagem do grão-de-bico cru, essa farinha sem glúten é carregada de proteína e fibra, o que propicia uma saciedade excelente. A farinha é densa e se liga bem na cocção (o que não pode ser dito de muitas farinhas sem glúten). É simples de usar: substitua cada xícara de farinha de trigo por 7/8 de xícara da de grão-de-bico. O sabor pode remeter levemente a amido de feijão, mas muito menos do que se esperaria. Pode ser interessante colocar um pouco mais de açúcar de coco ou de açúcar comum.

FARINHA DE BANANA VERDE

A farinha de banana verde, que pode ser apenas da polpa ou integral, é livre de glúten e de grão e baixa em calorias. Contém bastante amido (absorve bem líquidos) e apresenta uma coloração bem escura. A substituição, em meu teste, foi de 2/3 de xícara para cada xícara de farinha de trigo. A textura tende a ser levemente esponjosa.

FARINHA DE COCO

Glúten free, esta farinha bastante fofa é um produto que sobra da elaboração de leite de coco. Vem bem indicada nutricionalmente, por seu alto teor de fibras, proteína e gorduras saudáveis. Tenho trabalhado com essa farinha e sugiro aos curiosos que também o façam!

A farinha de coco absorve grande quantidade de ovos e apresenta um inchaço que lhe dá uma textura intrigante, principalmente até obtermos a proporção correta de líquidos. É mais absorvente do que a maioria das farinhas com as quais já trabalhei, então sugiro que comece cortando a quantidade de substituição drasticamente: para cada xícara de farinha de trigo, use ¼ de xícara de farinha de coco. O truque para trabalhar com esta farinha é aceitar o fato de que ela exige um monte de ovos para lhe dar estrutura e uma consistência decente. Pode ser um pouco chocante ver 1 dúzia de ovos em uma receita!

Surpreendentemente, o resultado raramente tem sabor de ovo ou textura emborrachada. O sabor forte pode realmente ser mascarado com baunilha, chocolate e cacau em pó. Para itens salgados, adicione um pouco de alho ou cebola em pó. Realce outros sabores com ervas, especiarias e extratos e encontrará um interessante resultado final.

FARINHA DE ESPELTA

Apesar de a espelta ser tecnicamente uma forma de trigo, aqui está uma farinha que eu mantenho na minha despensa. Substitua 1-para-1, ou seja, para 1 xícara de farinha de trigo retirada utilize 1 xícara da de espelta. Essa farinha rica em fibras, de sabor levemente amendoado, um conteúdo significativo de proteína, faz receitas agradáveis e fáceis. Oferece pouca diferença de consistência no produto assado em comparação à farinha de trigo para todo uso.

FARINHA DE AVEIA

Moída desde o grão inteiro, esta farinha é um pouco mais doce. Algo que aprendi com a farinha de coco apliquei também com esta: não substituí toda a farinha de trigo de uma vez; substituí apenas ¼ da farinha de trigo para todo uso pela de aveia. Ou seja, para cada xícara de farinha de trigo usei ¼ de xícara da de aveia e ¾ de xícara da de trigo para todo uso. Como a aveia não contém glúten, é bem válida a ajuda da farinha comum para os cookies terem a estrutura adequada.

FARINHA DE CEVADA

Tem o sabor natural de malte e é baixa no glúten. Recomento deixar massas feitas com farinha de cevada (e, na verdade, todas as farinhas de grãos inteiros) descansarem durante a noite. O período de descanso irá suavizar o farelo, tornar o produto mais fácil de trabalhar e "arredondar" os sabores.

FARINHA DE FRUTAS OLEAGINOSAS

A mais conhecida é a farinha de amêndoa, um dos ingredientes de baixo carboidrato mais versáteis. A farinha de amêndoa pode diferir extremamente entre marcas, principalmente no tamanho da moagem. As melhores são feitas de amêndoas branqueadas. A farinha de amêndoa integral não é frequentemente tão fina e pode ou não conter as cascas. Quanto mais fina a moagem da farinha de amêndoa, mais fina a consistência de suas preparações. Entretanto, as farinhas de amêndoa mais grosseiras são frequentemente mais baratas e têm utilidade para produtos que não exigem textura fina, como bolos e biscoitos. Para os que não são fãs de amêndoas ou apresentam alergia a esse produto, existe uma grande variedade de outras farinhas de oleaginosas e também de sementes (por exemplo, girassol, chia e linhaça).

FARINHA DE ARROZ, FARINHA DE ARROZ GLUTINOSO E FARINHA DE ARROZ INTEGRAL

O pó extremamente fino da farinha de arroz, quando hidratado, transforma-se em uma textura granular, grossa e glúten free. Usada frequentemente como espessante no cozimento, a farinha de arroz é igualmente apropriada para fazer biscoitos, bolos e bolinhos empanados, como tempura. É um substituto adequado em cookies, biscoitos, muffins e outros produtos doces, combinado frequentemente com outras farinhas para conseguirmos a consistência desejada. Para melhores resultados ao usar esse ingrediente no cozimento, utilize uma receita formulada especificamente para farinha de arroz.

O mochi ou arroz glutinoso (*Oryza sativa var. glutinosa*) é cultivado principalmente na Ásia, com grãos opacos e muito baixo teor de amilase. Ele se torna especialmente glutinoso e pegajoso quando cozido, e seu nome se refere a essa característica, e não no sentido de conter o glúten (algo que não faz). É muitas vezes chamado de "arroz pegajoso", diferindo de cepas não pegajosas de arroz japônicas mas que também adquirem essa característica em algum grau quando cozidas.

A farinha de arroz integral (marrom) pode substituir certos amidos, como a farinha de trigo convencional, em um número de preparações, especialmente quando utilizada como agente de espessamento. Tem um sabor mais forte e amendoado que a farinha de trigo e se comporta diferentemente desta em produtos assados, sendo mais apropriada na fabricação de pães, bolos e biscoitos. Se a intenção é apenas melhorar o valor nutritivo de suas preparações, substitua ¼ da farinha de trigo convencional da receita pela farinha de arroz marrom. Isso fará produtos um pouco frágeis, mas ricos em fibra e sabor.

TRIGO MOURISCO

Naturalmente sem glúten, a farinha de trigo mourisco tem um sabor muito único. Absorve bastante umidade, assim a massa pode exigir líquido extra. Produtos elaborados com 100% de trigo mourisco vão enfrentar um desafio quanto à estrutura. Tente 20% de farinha de trigo mourisco e 80% da de trigo comum e vá trabalhando sua confiança. Excelente para a produção de biscoitos.

O WHEY OU SORO DE LEITE EM PÓ É UMA DAS PROTEÍNAS DO LEITE E UM SUBPRODUTO DO PROCESSO DO FABRICO DE QUEIJOS. ADICIONADO A RECEITAS, OFERECE VANTAGENS COMO UM GOSTO LIMPO, MELHORA DE TEXTURA, VALORIZAÇÃO DO TEOR PROTEICO E UMA VIDA DE PRATELEIRA AUMENTADA. PODE SER USADO COMO EMULSIFICANTE, NA SUBSTITUIÇÃO DE OVO, OU PARA REDUZIR A GORDURA EM PREPARAÇÕES E PRODUTOS.

CENTEIO

O centeio é um grão, não um subproduto de trigo. Tem sabor picante e forma uma goma natural quando processado. Produtos à base de centeio 100% podem ser um desafio para principiantes. Comece com 25% de farinha de centeio e 75% da de trigo.

QUINOA

Glúten free, adiciona aminoácidos essenciais e potássio aos valores nutricionais do produto final. Apresenta sabor forte e amendoado, variando de acordo com o tipo e a qualidade. Quando utilizada em pequenas quantidades, acrescenta um pouco de umidade, mas, em grandes quantidades, resseca. A quantidade de farinha de trigo que pode ser substituída pela quinoa varia imensamente de preparação para preparação. Tenha paciência para testar.

FARINHA DE SOJA

Derivada da soja crua, possui mais proteína do que amido, por isso representa uma alternativa para as farinhas de alto teor proteico. Pode ser utilizada na maioria das receitas. É uma opção para substituir parte da farinha de trigo comum em produtos de crescimento rápido cujas receitas tenham fermento em pó e bicarbonato de sódio. Cerca de ¼ da farinha de trigo pode ser substituído pela de soja.

Mochi, elaborado com farinha de arroz glutinoso.

AGLUTINADORES PARA GLÚTEN FREE

Os três aglutinadores mais comumente usados em receitas sem glúten são goma xantana, goma guar e casca de psyllium. Você não precisa entender a ciência desses ingredientes para utilizá-los, mas um pouco de conhecimento pode melhorar seu repertório de itens livres de glúten.

GOMA XANTANA é o produto criado a partir da fermentação das bactérias *Xanthomonas campestris* em uma solução de açúcar. Apresenta excelente capacidade de aglutinar e de construção de estrutura, além de boa elasticidade. Em performance, cria itens que não têm sabor ou textura de gomosidade que poderia ser atribuída à goma. Na maioria das receitas, comece utilizando cerca de ¼ de colher (chá) de goma xantana por xícara de farinha alternativa sem glúten.

A **GOMA GUAR** é feita da planta do feijão de guar. Também atua como aglutinadora e construtora de estrutura, mas é muito menos elástica do que a goma xantana. Utilize na mesma proporção da goma xantana em relação à xícara de farinha de trigo comum: cerca de ¼ de colher (chá) por xícara de farinha de trigo. Mas pode acontecer de essa quantidade não ser a ideal e demandar alguns ajustes.

A **CASCA DE PSYLLIUM**, em pó, tem uma alta viscosidade, razão pela qual é capaz de se ligar à água de forma mais eficaz do que a goma xantana. O pó cria uma rede resistente com as proteínas em farinhas sem glúten e adiciona um sabor do trigo ao cozimento.

ADAPTANDO SUA RECEITA

Para compensar a falta do glúten em farinhas alternativas, a adição de alguns ingredientes, a modificação das proporções e a substituição de outros componentes podem ajudar no processo de coesão e espessamento, como purê de maçã, ovos, gomas vegetais, gorduras de várias fontes. Como vimos, algumas dessas farinhas absorvem mais líquidos que a de trigo, assim não se surpreenda caso a proporção de líquido em receitas sem glúten seja mais elevada. Preste atenção ao agente levedante utilizado, pois os amidos mais puros, ricos em carboidrato, tendem a manifestar expansão mais rapidamente quando utilizados em massas biologicamente fermentadas. A cocção também deve ser vigiada, pois a caramelização ou a reação de Maillard ocorre com muita fartura e muita facilidade entre os amidos.

O quadro abaixo traz minha sugestão após infindáveis leituras e testes, mas com a observação importante de que os produtos variam de país para país, de marca para marca, além de tantas outras circunstâncias envolvidas na manipulação e na cocção de massas.

Caso sua intenção seja praticar substituições para produções sem glúten, você pode substituir a farinha de trigo integralmente ou apenas uma parte dela entre outras farinhas sem glúten para tentar manter certas funções, como estrutura, corpo e volume. O quadro apresenta sugestões de acordo com o enfoque que se deseja na manipulação de farinhas glúten free. Misture os componentes e mantenha-os em recipiente hermético à temperatura ambiente.

Misturas de farinhas alternativas e características

Ingrediente	Mistura 1: fraca em proteína, alta em carboidrato	Mistura 2: forte em fibra	Mistura 3: proteína + carboidrato	Mistura 4: forte em proteína	Mistura 5: muito forte em proteína
Farinha de arroz	270 g	280 g	150 g	230 g	270 g
Farinha de arroz integral (marrom)	---	200 g	---	---	---
Farinha de espelta	200 g	115 g	---	230 g	170 g
Fécula de batata	200 g	85 g	400 g	---	---
Goma guar	---	---	30 g	---	---
Goma xantana	---	---	100 g	---	---
Farinha de soja	---	---	---	230 g	170 g
Whey ou soro de leite em pó	---	---	---	---	80 g

Açúcares presentes na foto: açúcar de confeteiro, açúcar liége, açúcar demerara, açúcar em cubos, açúcar japonês, açúcar de coco, açúcar cristal, açúcar mascavo, açúcar granulado.

AÇÚCARES

O TERMO "AÇÚCAR" pode se referir a uma grande categoria de todos os mono e dissacarídeos, os carboidratos mais simples. Monossacarídeos incluem galactose, frutose e glicose, e dissacarídeos incluem sacarose (sucrose), lactose, maltose e trealose. Os açúcares podem ocorrer naturalmente (em frutas, vegetais, leite, nozes). Podem ser extraídos de plantas e, então, agregados a preparações, ou ser manipulados pelo homem a partir de várias plantas ou diversos ingredientes lácticos.

SACAROSE OU SUCROSE: substância química extraída da cana-de-açúcar, da beterraba e de algumas frutas. Também conhecida como açúcar de mesa, é um dissacarídeo que contém moléculas de glicose e de frutose, quimicamente conectadas.

SACAROSE × SACARINA

O TERMO "SACCHARINE" É DE ORIGEM GREGA E SIGNIFICA "EXTREMAMENTE DOCE". A SACAROSE É UM DISSACARÍDEO, ENQUANTO A SACARINA É UM PRODUTO ARTIFICIAL, DESCOBERTO POR UM QUÍMICO EM NOVA YORK, QUE A PATENTEOU E COMEÇOU A PRODUZI-LA NO FINAL DOS ANOS 1880. SUA POPULARIDADE ATINGIU O ÁPICE DURANTE A PRIMEIRA GUERRA MUNDIAL (1914-1918), PARA PROVER UM MERCADO CARENTE. NOS ANOS 1960, A SACARINA VOLTOU À CENA, POR SER NÃO CALÓRICA. TRATA-SE DE UM PRODUTO CONTROVERSO (ALEGAM SER CANCERÍGENO), PROIBIDO NA FRANÇA E NO ESTADO DA CALIFÓRNIA.

FRUTOSE: encontrada em frutas e mel.

GALACTOSE: encontrada no leite e nos produtos lácteos.

DEXTROSE: apesar de encontrado em mel, frutas e legumes, trata-se de um açúcar derivado do milho, e não da cana-de-açúcar ou da beterraba ou quaisquer outras fontes.

LACTOSE: encontrada no leite, composta de glicose e galactose.

MALTOSE: encontrada em cevada.

XILOSE: encontrada no sabugo de milho, na madeira ou na palha.

Mas a palavra "açúcar" também se refere especificamente à sacarose, extraída da cana-de-açúcar e da beterraba.

O açúcar, em alguma forma, está presente na maioria das receitas de cookies e biscoitos. Além de obviamente torná-los doces, os outros propósitos ou funções do açúcar são menos aparentes, mas igualmente importantes. O açúcar é higroscópico, o que significa que absorve umidade ou água. Quando empregado nos cookies, deixa-os delicados e macios. Mais do que isso, o açúcar absorve calor, o que ajuda o cookie a ficar dourado ou se caramelizar. Os cristais de açúcar não dissolvidos pelo processo de mistura se derretem durante a cocção, contribuindo para a capacidade de esparramar do biscoito. Assim como as gorduras, os açúcares se liquefazem no forno.

AÇÚCAR GRANULADO (ou açúcar branco, ou açúcar refinado): quanto mais fina a granulação, menos o cookie se esparrama; quanto maiores os grânulos, mais o cookie se esparrama, aumentando de circunferência e diâmetro e se tornando mais fino.

AÇÚCAR DE CONFEITEIRO: essencialmente, este açúcar é obtido a partir do granulado moído para fazer a forma em pó. O açúcar de confeiteiro é muito fino e conhecido também por outros nomes, como açúcar impalpável e açúcar de neve, mas a melhor descrição para mim é a nomenclatura norte-americana, que utiliza a expressão "10X", referindo-se ao número de vezes de moagem em relação ao açúcar granulado. Todos os açúcares em pó finos têm um ingrediente adicional, o amido de milho, para ajudar na aglutinação. Em biscoitos, esse tipo de açúcar, fino, é usado quando se busca um interior compacto refinado e com pouca propagação.

AÇÚCAR IMPALPÁVEL: os açúcares em forma de pó fino apresentam diferenças relativas à granulosidade ou ao grau de pulverização. Mas devemos considerar também a quantidade de amido adicionada pelo fabricante para prevenir o empedramento. Quando utilizamos o açúcar em pó, o amido pode ser benéfico em certas aplicações, mas causar um sabor indesejável a outras. A percepção de sabor ou o poder edulcorante também são fatores que diferenciam o açúcar de confeiteiro do impalpável. Como os grânulos são muito pequenos, dissolvem-se mais rapidamente na boca e podem ser percebidos como mais doces no resultado final. Quando uma receita elege uma pulverização específica, isso se deve a uma razão. Considere o fato de que, quanto maiores forem os grânulos, mais tempo levará para se dissolverem. Assim, caso você escolha um açúcar de grânulos maiores, poderá notar uma textura mais porosa ou granulosa.

AÇÚCAR MASCAVO: este açúcar é usado para obter um certo sabor. Quando o mascavo é usado no lugar do açúcar branco, uma pequena quantidade de bicarbonato de sódio deve ser utilizada para neutralizar o ácido no açúcar mascavo. Ao neutralizarmos esse ácido, a cor da crosta será melhorada, porque os ácidos interferem na caramelização do açúcar. Em razão dos cristais macios presentes no açúcar mascavo e pelo fato de todos os seus cristais se dissolverem durante a mistura, a propagação apropriada não será obtida sem ajustes na fórmula. O açúcar mascavo mais escuro possui mais melaço e sabor acentuado. Quando exposto ao ar, a umidade presente no melaço se evapora, causando o ressecamento do açúcar mascavo. Para fazer o açúcar mascavo "reviver", espalhe-o em uma fôrma para torta ou em papel-alumínio e coloque-o no forno a 120 °C por 5 a 7 minutos, checando frequentemente. Deixe esfriar completamente antes de utilizá-lo.

DEMERARA: trata-se de uma variedade de açúcar de cana crua que é minimamente refinado. Tem grandes grãos de cor âmbar e um sabor natural, remetendo sutilmente a melaço. Use-o para adoçar o café ou o chá, ou como uma película de cobertura em produtos assados (aos quais dará crocância).

TURBINADO: é um outro tipo de açúcar de cana crua minimamente refinado. Tem cristais grandes e coloração marrom média. Muitas vezes é confundido com o mascavo, em razão de sua cor. O açúcar turbinado tem um sabor delicado, parecido com caramelo, e é usado geralmente para adoçar bebidas. Pode também ser utilizado em produtos assados. Não indico o uso em massas, porque seus grandes cristais não se dissolvem facilmente nessa aplicação. Minha sugestão é de que seja utilizado na cobertura de muffins ou outros produtos nos quais sua textura crocante é desejável.

MUSCOVADO: também chamado de açúcar de Barbados, consiste em uma variedade de açúcar de cana não refinado na qual o melaço não é removido. Vem em apresentações escuras e claras e tem textura pegajosa, molhada e arenosa. O sabor é rico, complexo. Embora o açúcar muscovado possa ser usado como substituto do mascavo, seu sabor é muito mais forte. É especialmente agradável em molhos agridoces e pratos salgados.

AÇÚCARES LÍQUIDOS

Açúcares líquidos (como mel, glucose, xarope de arroz, xarope de milho de alta frutose) adicionam umidade às receitas. Se você pretende tentar mudar um açúcar seco para um líquido, comece com uma proporção de 1-para-1 ao fazer uma receita com a qual já esteja familiarizado e a qual você acha que pode ficar melhor com mais umidade. Mas uma série de experimentos será disparada: o líquido deverá ser reduzido (como o leite) na receita para ajustar a consistência.

AÇÚCAR INVERTIDO: quando a sacarose é invertida, é dividida em dois elementos básicos: glicose e frutose. A adição de açúcar invertido à produção de confeitaria e panificação adiciona a doçura e a cor da crosta, além de prolongar sua vida útil para consumo.

GLUCOSE: a partir de uma perspectiva estritamente química, xarope de glucose é a expressão adequada para qualquer amido líquido consistindo em carboidratos. Além de amido de milho, pode ser feito de qualquer forma de amido, incluindo trigo, arroz ou batata. Em razão de sua ligação bem-sucedida e fácil com substâncias secas ou sólidas, esse xarope é o adoçante preferencial para doces, goma de mascar, compotas, geleias e frutas enlatadas.

MELAÇO: é um subproduto da produção de açúcar refinado. Contém pequenas quantidades de vitaminas B, cálcio e ferro. O melaço impõe uma cor escura e um sabor forte aos alimentos, mas não é tão doce quanto o açúcar. As fórmulas que contêm melaço têm que ser ajustadas pela adição de bicarbonato de sódio para compensar a acidez. Quando substituído por açúcar em forma seca, um ajuste poderá ser necessário na quantidade de líquidos da receita.

MEL: também usado para obter um sabor especial. Adiciona acidez à massa e uma qualidade de mastigação aos cookies. Produtos à base de mel são úmidos e densos e tendem a dourar mais rapidamente do que aqueles feitos com açúcar granulado. Porém não se pode utilizar o mel em toda preparação, especialmente naquelas que requerem o método cremoso (o processo de bater a manteiga e o açúcar até uma consistência cremosa). Os cristais do açúcar têm protuberâncias que penetram a manteiga, criando bolsões de ar que se expandirão ao serem aquecidos, contribuindo para a característica textura montada, estruturada dos produtos de confeitaria.

Mel não cria esses bolsões, e o resultado é um produto mais denso, em princípio mais macio embora sujeito a ressecar mais rapidamente do que os feitos com outros açúcares.

MAPLE SYRUP (xarope de maple): adoçante tradicional no Canadá e no nordeste dos Estados Unidos, preparado a partir da seiva de uma árvore (maple tree). O maple é mais doce que o açúcar, então em caso de substituição preste atenção ao sabor. Recomendado principalmente para caramelos, doces, sorvetes e pudins. Use o maple em receitas que não requeiram o método cremoso e tente combiná-lo a outros adoçantes, como o xarope de malte de cevada ou o melaço.

GOLDEN SYRUP: é uma forma espessa, de cor âmbar, de xarope de açúcar invertido feito com sobras do processo de refinação de cana-de-açúcar ou de suco de beterraba em açúcar, ou pelo tratamento de uma solução de açúcar com ácido.

MALTE OU XAROPE DE CEVADA: o xarope do malte da cevada é feito do cultivo de brotos, que são secos e torrados produzindo um xarope de odor e sabor intensos. Por essa razão, deve ser combinado com outro açúcar, tornando o sabor dos produtos mais agradável.

MELADO DE ARROZ: obtido de arroz cozido e fermentado. O melhor é extraído do arroz integral, criando um adoçante rico, de sabor amendoado porém mais suave que o do mel e do maple. Esse xarope de tons âmbar, tratado por enzimas, tende a liquefazer as massas.

AGAVE: feito da mesma planta que produz tequila, o néctar de agave tem um índice glicêmico baixo, mas é elevado na frutose (como o açúcar refinado).

AINDA O AÇÚCAR...

NÃO HÁ NENHUMA SUBSTITUIÇÃO REAL PARA O AÇÚCAR BRANCO, GRANULADO. SIM, NÓS AMAMOS MEL, AGAVE, XAROPE DE MAPLE, MAS ESSES ADOÇANTES NÃO TÊM A MESMA QUÍMICA QUE OS CRISTAIS FINOS DE AÇÚCAR, E UMA RECEITA QUE INCLUI O AÇÚCAR BRANCO É UMA RECEITA QUE SE BASEIA NA CIÊNCIA DE COMO ELE VAI INTERAGIR COM OS OUTROS INGREDIENTES.
O AÇÚCAR FAZ MAIS DO QUE ADOÇAR: ADICIONA COR, TEXTURA, UMIDADE, AERAÇÃO. E NÃO PENSE QUE VOCÊ PODE COMEÇAR CORTANDO A METADE DO AÇÚCAR EM UMA RECEITA PARA UMA VERSÃO MAIS SAUDÁVEL. TUDO ESTÁ LÁ POR ALGUMA RAZÃO. SE ACHAR QUE A RECEITA TEM MUITO AÇÚCAR... BEM, COMA APENAS UM BISCOITINHO!

Da esquerda para a direita: *clover*, mel dos Estados Unidos. De cor clara, tem notas delicadas e florais. *Girassol*, de abelhas que polinizam campos ucranianos dessa flor. Mel seco, não muito doce, excelente no chá ou na torrada. *Orange blossom* ou mel da flor de laranjeira do México, de notas distintivamente perfumadas. *Eucalipto*, mais escuro, rico em notas de ervas, com um toque de mentol. *Macadâmia*, mel norte-americano de intensa cor dourada, rico e surpreendente. *Mimosa*, mel brasileiro, mais escuro e opulento, produzido por abelhas que polinizam a mimosa ou a árvore de seda persa, com sabor de notas frutadas e tons amendoados.

ADOÇANTES, SUPLEMENTOS DIETÉTICOS E AÇÚCAR-ÁLCOOL

ADOÇANTES NATURAIS

Os edulcorantes naturais são menos processados e, assim como o açúcar, produzem energia quando metabolizados pelo corpo. Ao contrário do açúcar, eles têm algum valor nutricional, na forma de traços de vitaminas e minerais. Temos o agave, o mel (na verdade, mais doce do que o açúcar, então você não precisa tanto), o melaço e a família de xarope (cevada, malte, arroz integral, cana, milho, dourado, maple).

AÇÚCAR DE COCO

Feito a partir das partículas das flores do coco (não do coco em si), tem um índice glicêmico baixo (um índice glicêmico quantifica quão rápida e dramaticamente um alimento aumenta os níveis de glicose no sangue). Não apresenta gosto de coco, o que o torna muito versátil (e é ótimo se você odeia coco). É excelente em doces e pães, conferindo uma coloração única. Mas é preciso considerar que o açúcar de coco tem uma textura mais macia que o açúcar refinado. Assim, apesar de sua aparência similar, os grânulos não apresentam fricção com a manteiga (assim como açúcares invertidos). Essa característica resulta em massas mais densas e produtos com uma textura seca.

ADOÇANTES ARTIFICIAIS

Apesar de fornecerem um gosto doce, aos adoçantes artificiais faltam as propriedades de caramelização, de amaciamento e de retenção de umidade do açúcar granulado. São dois os problemas: não derretem e não oferecem corpo.

Características de adoçantes artificiais

Adoçante	Propriedades e usos
Sacarina	De 200 a 700 vezes mais doce que o açúcar, pode ser utilizada em receitas que serão assadas.
Aspartame	De 160 a 220 vezes mais doce que o açúcar, é um adoçante termossensitivo, ou seja, perde o poder edulcorante quando submetido a altas temperaturas, o que não o faz uma boa opção para bolos e biscoitos.
Acessulfame K	200 vezes mais doce que o açúcar e termoestável, permite que seja exposto a temperaturas altas.
Sucralose	600 vezes mais doce que o açúcar, é feito a partir do açúcar, embora não seja metabolizado pelo organismo como tal. Em sua forma granulosa, costuma ser utilizado em confeitaria e panificação. Retém a doçura natural quando aquecido a altas temperaturas.

SUPLEMENTOS DIETÉTICOS

Temos a stevia, adoçante zero-carb natural, derivado da *Stevia rebaudiana*, planta nativa da América do Sul. Vem em forma de líquido e de pó. Há alguns fabricantes que a combinam a outros agentes para dar mais volume, como a maltodextrina, e fazer um produto mais barato e que se assemelhe ao açúcar. A stevia é 200 vezes mais doce que o açúcar. Mesmo que seja derivada de uma planta, alguns a consideram artificial por ser altamente refinada. E, como muitos dos adoçantes artificiais, a stevia pura não provoca volume em bolos, biscoitos e outras produções similares. Tem sabor semelhante ao do alcaçuz, que, embora não seja necessariamente desagradável, nem sempre combina com outros sabores.

ÁLCOOIS DE AÇÚCAR

Nem todos os adoçantes não nutritivos são artificiais. Os álcoois do açúcar são naturais, não derivados quimicamente. Uma vez que não são absorvidos completamente pelo corpo, esses adoçantes baseados em plantas têm menos calorias do que o açúcar. É fácil identificá-los em rótulos porque o nome da maioria deles termina em "ol": xilitol, sorbitol, maltitol, manitol, glicerol, lactitol. Muitos deles têm acabamento fresco associado a hortelã e goma. Produtos que contenham álcoois de açúcar podem ser rotulados de sugar free ou de calorias reduzidas, mas esteja ciente de que livre de açúcar não significa necessariamente livre de calorias. Consumir quantidades excessivas de álcool de açúcar pode causar gases e/ou diarreia.

O xilitol e o eritritol são adoçantes populares porque têm significativamente menor impacto em níveis de glicose do sangue do que o açúcar (outros álcoois do açúcar, como o sorbitol e o maltitol, podem elevar o açúcar do sangue). São muito úteis para conseguirmos a textura correta em produtos de baixo carboidrato. Em sua forma básica, eritritol e xilitol são apenas 60% a 70% tão doces quanto o açúcar, e muitas vezes é necessária a adição de outro adoçante para corrigir esse déficit.

Certifique-se de que não apresenta sensibilidade ao xilitol, porque não é fácil para todos digerirem. Além disso, o xilitol é tóxico para cães.

COMPENSANDO A UMIDADE

TODOS OS SUBSTITUTOS DO AÇÚCAR, ARTIFICIAIS E NATURAIS, DIFEREM DO AÇÚCAR POIS NÃO ATRAEM E NÃO PRENDEM A UMIDADE. SEUS PRODUTOS COZIDOS TENDEM A SER MAIS SECOS. PARA COMPENSAR ESSE DÉFICIT, A MANEIRA MAIS COMUM É INCREMENTAR A QUANTIDADE DE ÓLEOS OU LÍQUIDOS NA RECEITA.

Manteiga na textura correta, para um biscoito tradicional de excelência.

GORDURAS

Nos recipientes de vidro, da esquerda para a direita: ghee, manteiga clarificada, beurre noisette. Em barra: à esquerda, manteiga gelada; à direita, em temperatura ambiente.

AS GORDURAS TÊM INFLUÊNCIA DECISIVA na propagação de uma massa e determinam se a preparação mantém sua forma, esparrama-se ou se achata no forno. Em geral, mais gordura equivale a biscoitos e cookies mais achatados e crocantes, enquanto menos gordura faz biscoitos mais encorpados, com textura mais similar à de um bolo.

Quando a gordura é agregada, lubrifica e cobre a farinha, bem como protege o líquido em algumas receitas. Isso previne a formação de glúten em cadeias longas, fazendo biscoitos e outras massas mais macios e delicados, menos mastigáveis e encorpados.

A ESCOLHA DO PURISTA

Eu só trabalho com manteiga, que é minha primeira escolha e da qual muito me orgulho! A princípio, os biscoitos são feitos com manteiga, margarina ou gordura vegetal hidrogenada. Contraditório como poderia soar, esta pessoa aqui, que usa e abusa de açúcar, chocolate e todas as coisas boas todos os dias, é dedicada em escolher gorduras saudáveis (ou, pelo menos, mais saudáveis), e me parece que um bom começo está em eliminar o uso de gorduras trans e hidrogenadas, semi-hidrogenadas ou seja lá a terminologia que a indústria possa inventar.

Em nível molecular, todas as gorduras são um composto de três ácidos graxos vinculados a uma molécula de glicerol. Assim, as gorduras alimentares podem ser saturadas ou não saturadas, ou, ainda, refletir a proporção de moléculas saturadas em relação às insaturadas. A maioria dos óleos naturais e gorduras contém diferentes tipos de gordura. Óleo de canola e azeites leves têm proporções relativamente baixas de moléculas de gordura saturada, por isso são chamados de insaturados. A manteiga e a gordura vegetal, por outro lado, têm uma proporção muito elevada de moléculas de gordura saturada em moléculas de gordura insaturada, razão pela qual nos referimos a elas como gorduras altamente saturadas.

A manteiga contribui significativamente para o sabor, assim sua substituição provoca mudanças na experiência quanto ao gosto e ao aroma. A textura do biscoito ou cookie também pode ser afetada, já que a temperatura de derretimento menor da manteiga faz a massa se espalhar mais. Um cookie elaborado com manteiga é mais fino e crocante do que o mesmo produto feito com outro tipo de gordura.

Escolha manteiga sem sal, o que possibilita um controle maior da receita. Afinal, o sal destaca o sabor, mas também pode disparar outras reações químicas não desejáveis em determinados produtos.

As manteigas

Tipo	Características
Plugra	Com nome oriundo do francês plus-gras ("mais gordura"), tem teor lipídico de 82%.
Clarificada	Manteiga purificada; forma de manteiga mais espessa, que foi derretida e teve a água e os sólidos do leite retirados da parte limpa. A manteiga liquefeita e sem impurezas resiste a altas temperaturas (pode ser aquecida a 200 °C antes de começar a queimar). Conserva-se em geladeira por meses; congelada, por 90 dias. É utilizada principalmente em molhos, como hollandaise e béarnaise.
Ghee	Manteiga altamente clarificada e que é aquecida lentamente até que toda a umidade seja evaporada e os sólidos se aglutinem e possam também ser retirados, fazendo com que tenha grande durabilidade, inclusive se não for refrigerada. Também apresenta ponto de fumaça* significativo, não queimando em frituras.
Manteiga acidulada	Elaborada a partir do creme ao qual ácido láctico foi adicionado. A fermentação sutil produz uma manteiga mais rica, de sabor definido.
Beurre noisette	Obtida da cocção da manteiga a baixa temperatura até que a coloração se torne caramelo. A manteiga noisette apresenta sabor e aroma adocicados e intensos e pode ser mantida por meses sob refrigeração ou congelada.

* O ponto de fumaça consiste no colapso da gordura; é o ponto em que a gordura queima e perde suas propriedades, tendo seu sabor afetado e causando prejuízos à saúde.

A COR DA MANTEIGA

Como a manteiga consegue sua coloração amarelada? A resposta é perfeitamente natural! Manteiga é amarela em razão de pigmentos de carotenos naturais. Caroteno é atrelado à dieta das vacas, de silagem, grama, grãos e cereais, os quais são convertidos por nosso organismo como vitamina A. A manteiga não deveria conter qualquer aditivo de cor ou de caroteno. Caso isso ocorra, o rótulo lista "corante".

O SABOR DA MANTEIGA

A manteiga é também essencial no sabor dos cookies e biscoitos. Substituí-la por uma gordura menos ou muito mais aromática, como margarina, banha de porco, gordura de coco e gorduras hidrogenadas, altera a composição dos elementos flavorizantes, uma vez que a manteiga contém cerca de 80% de gordura animal, 15% de água, 5% de proteínas do leite. Essas proteínas se caramelizam durante a cocção, adicionando notas de sabor de caramelo e nozes ao perfil final.

A TEMPERATURA DA MANTEIGA

A temperatura da manteiga ou gordura pode dramaticamente mudar as características finais do produto. Essa temperatura determina o tipo de método de mistura a ser utilizado, e o modo como essa gordura é incorporada também define a textura final. Na elaboração de massas, podemos utilizar a manteiga em três formas: sólida, semissólida ou líquida.

MANTEIGA SÓLIDA (FRIA) A 8 °C: produz biscoitos e cookies menos mastigáveis e mais crocantes, porque menos glúten se forma quando a água não é liberada e continua presa às outras moléculas de gordura. Assim, o açúcar combinado à manteiga está mais disponível para iniciar o processo de caramelização antes de os agentes de estrutura (farinhas e amidos) terem a chance de se combinarem, hidratarem e, por conseguinte, fazer a estruturação.

MANTEIGA LÍQUIDA (DERRETIDA) E, ENTÃO, ESFRIADA A 30 °C: produz biscoitos e cookies mais mastigáveis e extravagantes, primeiro porque a água já derreteu os sólidos de matéria grassa e não formará tanto glúten com a farinha antes que a massa vá para o forno. O espalhamento excessivo é um grande fator determinado pela temperatura da manteiga. Se você já tirou uma fornada de cookies em que todos migraram para um grande bolo, a manteiga morna foi provavelmente o problema. Cookies feitos a partir de manteiga derretida em geral são mais finos e crocantes.

MANTEIGA SEMISSÓLIDA À TEMPERATURA AMBIENTE (CERCA DE 18 °C): é capaz de conter as bolhas de ar provocadas pela manipulação da massa. Isso é importante no cozimento porque durante o estágio "cremoso", em que a manteiga e o açúcar são batidos juntos, as bordas afiadas de cristais do açúcar em contato com a manteiga macia criam bolsas de ar, arejando a massa e criando uma textura mais leve. Para produtos em que a leveza é um atributo premiado – quase todos os bolos e alguns biscoitos e cookies –, é importante começar com a manteiga à temperatura ambiente.

CARACTERÍSTICAS DA TEMPERATURA AMBIENTE

NÃO SOU UMA GRANDE FÃ DA NOMENCLATURA "TEMPERATURA AMBIENTE" COMO UM CONCEITO, PORQUE É PROBLEMATICAMENTE VAGO. PARA SER CONSIDERADA EM TEMPERATURA AMBIENTE, A MANTEIGA DEVE REALMENTE ESTAR EM TORNO DE 65 °F, OU 18,3 °C, EMBORA SEJA COMUM ENCONTRARMOS VALORES DE 22 °C E 23 °C REFERINDO-SE A ESSE ESTÁGIO. O IMPORTANTE A CONSIDERAR É QUE TEMPERATURA AMBIENTE INDICA O ESTADO SEMISSÓLIDO NO QUAL A MANTEIGA SE MOSTRA EXTREMAMENTE ESPALHÁVEL EMBORA AINDA MANTENHA SUA FORMA. DEVE SER SUAVE O SUFICIENTE PARA QUE SEU DEDO FAÇA UMA IMPRESSÃO COM RESISTÊNCIA ZERO, MAS NÃO TÃO QUENTE A PONTO DE A MANTEIGA PARECER BRILHANTE OU GORDUROSA (OU ESTEJA DERRETIDA COMPLETAMENTE, O QUE ACONTECE EM TORNO DE 90 °F, OU CERCA DE 32 °C). CASO A MANTEIGA ESTEJA MUITO QUENTE, NÃO OCORRERÁ A AERAÇÃO CORRETA, LEVANDO A UM RESULTADO DECIDIDAMENTE GORDUROSO E PESADO. COMO REGRA GERAL, SEMPRE QUE A RECEITA COMEÇAR COM MANTEIGA E AÇÚCAR, É UMA BOA IDEIA DEIXAR A MANTEIGA ATINGIR A TEMPERATURA AMBIENTE, PARA QUE O RESULTADO TENHA A TEXTURA IDEAL.

EQUIVALÊNCIAS

A manteiga é frequentemente medida pelo volume, não pelo peso. Nos Estados Unidos, costuma ser medida em tabletes, e nas receitas europeias, por peso.

Equivalências entre alguns pesos e volumes comuns de manteiga

Manteiga por volume	Manteiga por peso
2 xícaras/ 500 mL/ 16 colheres (sopa)	454 g
1 xícara/ 250 mL/ 8 colheres (sopa)	227 g

MARGARINA E GORDURA TRANS

A **MARGARINA** é elaborada a partir de um óleo ou uma mistura de óleos, que podem incluir gordura vegetal e animal, hidrogenada, mas também contém água e sólidos de leite e/ou flavorizantes. Gordura de escolha nos anos 1960, a margarina tem um ponto de derretimento elevado, que torna muito fáceis o processo de mistura e a cocção. Suas cadeias encurtadas limitam o achatamento ou a propagação de massas de confeitaria, incluindo cookies, biscoitos e massa folhada. Com menos chance de excesso de mistura e/ou derretimento da gordura, o mercado de produção de alimentos barateou a produção e substituiu a capacidade técnica por um ingrediente plástico... *voilà*! A maioria dessas gorduras vegetais é feita com óleos hidrogenados e parcialmente hidrogenados (também conhecidos como gorduras trans).

ÓLEOS HIDROGENADOS são endurecidos artificialmente, e muitas são as preocupações acerca dos efeitos adversos que provocam em nosso organismo, incluindo arteriosclerose e câncer.

Gordura hidrogenada de alto teor de emulsificação pode absorver mais açúcar e líquido do que a gordura hidrogenada comum. Propicia uma textura mais fina e sedosa a preparações, principalmente bolos, e aumenta a durabilidade, pois a gordura plástica não faz trocas com o açúcar ou a farinha. Muitos recheios de bolos utilizam essa gordura porque conseguem melhor estabilidade, mas é necessária uma grande quantidade de açúcar para promover essa função.

ANTIGAMENTE, A BANHA DE PORCO

USADA NAS COZINHAS POR SÉCULOS, A BANHA (OBTIDA DA GORDURA DE CARNE DE PORCO) TEM UMA MISTURA ORIGINAL DE TIPOS DIFERENTES DE GORDURAS QUE CONFEREM UM SABOR ORIGINAL, AROMA E TEXTURA. POR SER 100% GORDURA, A BANHA PRODUZ MASSAS DE CONFEITARIA MACIAS E FLOCADAS, MAS SEU SABOR E O ODOR CARACTERÍSTICO A TRANSFORMAM EM UM MAU SUBSTITUTO PARA A MANTEIGA. MINHA AVÓ FAZIA TUDO COM ELA.

GORDURAS DO COCO

Os produtos à base de gordura de coco diferem na maneira como são produzidos. Aprenda a reconhecer a nomenclatura para escolher o tipo certo conforme o uso que pretende fazer.

O **ÓLEO DE COCO** é, simplesmente, a gordura extraída da polpa do fruto. Já a manteiga é elaborada a partir do coco inteiro e sem casca moído até adquirir uma consistência pastosa, fácil de passar no pão ou biscoito. Podemos então dizer que a diferença entre a manteiga e o óleo de coco está no conteúdo de fibra. A manteiga de coco é a polpa bruta do coco maduro; sua constituição é aproximadamente 60% de óleo, embora também haja a fibra da polpa.

A princípio, o óleo do coco é feito de gordura saturada, como a manteiga, motivo pelo qual continua pastoso à temperatura ambiente. Quanto mais saturada uma gordura particular é, maior seu ponto de fusão e também maior a possibilidade de ser sólida à temperatura ambiente. Embora sólido à temperatura ambiente, o óleo de coco se derrete facilmente, algo em torno de nossa temperatura corporal. Não tem o sabor do fruto e pode ser substituído por manteiga, gordura hidrogenada ou qualquer gordura sólida, sem alterar drasticamente o sabor da receita.

A **MANTEIGA DE COCO** pode se apresentar mais cremosa, mais líquida, muito firme ou mesmo de textura esmigalhada, tudo dependendo da receita da fábrica ou da marca. Também queima muito rapidamente. Em micro-ondas, não deve ser aquecida por mais do que 15 segundos.

Temperatura adequada e proporção correta entre clara e açúcar: o merengue perfeito!

OVOS

OS OVOS DESEMPENHAM UM PAPEL IMPORTANTE em todas as preparações nas quais estão envolvidos: bolos, biscoitos, cookies, pães, merengues, tudo! Criam a estrutura e a estabilidade dentro de uma massa, ajudam a engrossar molhos e cremes, emulsionam, adicionam umidade e podem atuar como aglutinador e verniz (brilho em pães, por exemplo).

No caso dos biscoitos e cookies, podemos resumir: mais ovos = cookies mais úmidos. Claras oferecem elasticidade, força, estabilidade e umidade. Gemas proporcionam suavidade, sabor e emulsão. Ovos inteiros oferecem as características combinadas de aeração, estrutura e suavidade. Quando o ovo é o único líquido da receita, cria uma textura fofa, similar à de um bolo. Apenas 1 colher de suco, de leite ou de água faz o cookie se esparramar, formando uma estrutura achatada e crocante ao redor das bordas. Na forma de gemas, claras ou ovos inteiros, as funções de um ovo podem se sobrepor e variar extensamente de receita a receita.

O PAPEL DAS GEMAS:
GORDURA

Receitas que utilizam apenas a gema tipicamente focam seu teor de gordura e suas habilidades de emulsão, pois a gordura dá sabor intenso e textura aveludada aos produtos de confeitaria. A gema também tem a habilidade única de ligar líquidos e gorduras, criando uma emulsão que os impede de se separarem. Esse processo ajuda a criar uma mistura mais homogênea de ingredientes, auxiliando em uma distribuição uniforme de líquidos e gorduras ao longo de uma receita para massas suaves e cremes acetinados. Quando as gemas são aquecidas, as proteínas que contêm se desnaturam e se desdobram, formando um gel. Essa é uma situação delicada: com muito calor, as proteínas, em vez de formarem esse precioso gel, coalham e se tornam granulosas. Em outras palavras, muita atenção à quantidade de calor e ao tempo de exposição.

O PAPEL DAS CLARAS:
ESPUMA

Quando utilizamos somente as claras, verificamos que desempenham um papel totalmente diferente do das gemas, especialmente quando batidas. Chicotear[1] claras de ovos significa incorporar milhões de pequenas bolhas de ar nelas, criando uma espuma bastante estável que podemos usar para dar leveza e corpo a centenas de preparações. Para ajudar a estabilizar as claras ainda mais, podemos adicionar elementos ácidos, como cremor de tártaro e suco de limão.

---

1 "Chicotear" se refere a bater e misturar bem, ao passo que "bater" significa avançar no processo até atingir o branqueamento, uma espuma ou um creme denso.

Uma das maneiras mais comuns de utilizar claras batidas é na função de um agente natural de expansão em receitas como um bolo delicado ou um suflê. No calor do forno, o ar preso na espuma começa a se expandir, promovendo a ascensão da preparação sem a necessidade de ingredientes como fermento ou bicarbonato de sódio.

Claras de ovo batidas com açúcar produzem pavlovas, marshmallow, bolo de claras, oeufs à la neige (merengue cozido em leite), macaron e baked alaska (sorvete coberto com merengue italiano), entre tantos outros produtos clássicos. Mas a espuma formada pelo batimento das claras pode receber apenas uma quantidade "x" de ar, o que faz com que, quando batemos demais, as claras se tornem granuladas e difíceis de ser envolvidas na massa. Bata as claras com cuidado; busque sempre uma mistura flexível e brilhante no caso da incorporação de açúcar.

O PAPEL DOS OVOS INTEIROS: GORDURA E ESPUMA

Quando usamos ovos inteiros em uma receita, recebemos algumas das melhores propriedades da gema e da clara. Ainda que os ovos inteiros não sejam tão bons como gemas puras na criação de uma emulsão, eles são excelentes agentes de adesão, especialmente em bolos, biscoitos, cookies e outros produtos assados. Os ovos também se firmam e solidificam quando aquecidos, dando suporte estrutural a sobremesas e preparações delicadas.

Ao mesmo tempo, os ovos fazem preparações mais suaves, criando texturas limpas, pães macios e migalhas delicadas. Quando misturados com açúcar, ajudam a prender o ar para dar ao produto acabado alguma leveza e volume. A combinação de ovos e açúcar também acrescenta uma grande quantidade de umidade e sabor a uma receita. As gemas e as claras podem ser utilizadas separadamente na mesma receita, e esse é verdadeiramente o melhor dos dois mundos, com as gemas fornecendo riqueza para uma base ou massa enquanto as claras executam seu trabalho de leveza e expansão.

Merengue.

O QUE É IMPORTANTE SABER SOBRE A TEMPERATURA DO OVO?

As receitas para bolos e biscoitos costumam chamar para os ovos a temperatura ambiente, porque ligam e emulsionam melhor assim do que quando frios. Adicionalmente, as claras de ovos espumam melhor do que seus homólogos mais frios. Se uma receita não especificar a temperatura do ovo, é geralmente seguro supor que a temperatura não é crucial à receita e que os ovos podem ser adicionados diretamente do refrigerador ou à temperatura ambiente.

Para separar a clara e a gema, entretanto, é melhor quando os ovos estão frios; além de o processo ficar mais fácil, as gemas são menos propensas a se romperem.

Para aquecer rapidamente os ovos refrigerados, basta deixá-los submersos em água da torneira, em uma tigela, por alguns minutos, enquanto coleta os ingredientes restantes.

O QUE É COAGULAÇÃO?

COAGULAÇÃO É O QUE ACONTECE QUANDO OVOS CRUS SÃO EXPOSTOS AO CALOR E, EM SEGUIDA, FORMAM RAPIDAMENTE UM GEL EM UM SÓLIDO. OS OVOS COMEÇAM A COAGULAR A 60 °C E VÃO SE FIRMANDO À MEDIDA QUE A TEMPERATURA SOBE. EXCESSO DE COAGULAÇÃO PODE OCORRER QUANDO A COCÇÃO OCORRE EM UMA TEMPERATURA MUITO ALTA OU SE SÃO COZIDOS POR MUITO TEMPO. SE VOCÊ JÁ EXPERIMENTOU UM CREME GRANULADO OU UM "BOLO BORRACHA", UMA EXCESSIVA COAGULAÇÃO PODE TER SIDO A RESPONSÁVEL.

Aquafaba, oriunda da proteína do grão-de-bico.

AQUAFABA: A CLARA DE OVO VEGANA

Os veganos já devem saber que, apesar do nome extravagante, aquafaba não é nada mais que o líquido de uma lata ou de um frasco de grão-de-bico. O nome significa "água de feijão", que começa com a proteína do grão, ao qual são agregados certos agentes conservantes, como amido de tapioca ou de batata, algumas gomas e celulose. O produto final é um líquido espesso, ligeiramente opaco e com alto poder de retenção de ar/suspensão.

As proteínas do grão-de-bico, como as do ovo, têm partes que odeiam a água e partes que a amam. Quando submetidas a agitação ou batimento, as proteínas se soltam, de modo que a parte que repele água interage com o ar, enquanto as partes que gostam do líquido interagem com a água, formando bolhas e espuma. Amidos ajudam a engrossar e estabilizar a espuma.

Com isso, esse resíduo, misturado e chicoteado ou batido, monta uma espuma similar àquela produzida pela clara de ovo. Utilize-a para fazer merengues, maionese, bolo de claras ou até mesmo pisco sours (drinque peruano à base de claras). Além do sabor muito próximo ao das claras de ovos, agrega o fato de ser livre de crueldade animal.

De maneira geral, podemos considerar: 1 colher (sopa) de aquafaba = 1 ovo.

Caso esteja utilizando a aquafaba como substituto de ovo, não é necessário montá-la ou estabilizá-la. Para a produção de biscoitos e cookies, basta agregá-la como um simples ingrediente líquido.

O ingrediente secreto para produzir merengues e mousses aerados e estáveis está na utilização de cremor de tártaro ou goma xantana, que auxiliam na estabilização do merengue, mas principalmente a goma xantana.

Para fazer um merengue vegano, utilize o líquido de 1 lata de grão-de-bico de 450 g (¾ de xícara); 1 xícara de açúcar; 2 g de goma xantana; 1 colher (chá) de extrato de baunilha. Aqueça o forno a 120 °C e forre uma assadeira com tapete de silicone (silpat) ou papel-manteiga. Despeje a aquafaba em uma tigela e bata com batedeira (acessório globo) até formar picos duros. Gradualmente agregue o açúcar e, em seguida, a baunilha. O produto final não é de manipulação muito fácil, então busque o que considere melhor. É possível dispor o merengue em pequenas porções, em colheradas, ou utilizar uma manga de confeitar. Asse (secar seria a expressão mais correta) a 120 °C por 90 minutos. Deixe os merengues esfriarem na própria assadeira. Mantenha-os em recipiente hermético e observe sua durabilidade.

Da baixo para cima:
sal do Himalaia em pedra,
sal de mesa, sal negro,
sal kosher, sal do Himalaia,
fleur de sel.

SAL

O SAL É PRODUZIDO DE DUAS MANEIRAS: minado (extraído da terra) ou obtido da água do mar evaporada. Essa evaporação pode ser realizada naturalmente, pela luz solar (caso de fleur de sel, ou flor de sal) ou pelo calor do vapor por meio de vácuos industriais (dando-nos o kosher comercial e os sais de mesa).

A POLÊMICA SOBRE O SAL DE MESA

O oceano é cerca de 3% sal, então você tem que se livrar de 97% da água, o que é um monte de água para ferver, e em média é necessário 1 galão de propano para fazer 1 quilo de sal. Na escala industrial em que o sal é feito, isso se torna ambientalmente inconcebível.

O sal comum, de mesa, é o alimento mais processado que se pode comprar! Na embalagem já vemos iodo sintético, flúor, aditivos alimentares antiaglomerantes e resíduos de branqueamento muitas vezes encontrados em tantos produtos comerciais: é completamente artificial, um subproduto da indústria química. Não há amor nele!

Assim, os chefs que fazem centenas de opções em suas vidas diárias, buscando os ingredientes mais frescos, locais, puros, orgânicos, e tantos outros diferenciais de qualidade e compromisso para com seus comensais, começam a buscar outras opções, como o sal colhido à mão: fleur de sel. Ele é evaporado com o sol e apenas o sol, com cristais formados naturalmente de inúmeras complexidades e cerca de 5% de traços de minerais como magnésio, potássio e cálcio, que adicionam valores nutricionais ao produto e profundidade ao sabor. É, também, muito versátil para o acabamento de alimentos. Isso realmente representa um diferencial!

O SAL COMO INGREDIENTE

Componente essencial na elaboração de massas, o sal não pode ter sua importância reduzida apenas ao sabor ou à origem. Esse ingrediente desempenha variadas funções, em diferentes preparações, incluindo a de preservar (em ambiente ácido, a proliferação de bactérias diminui). O consumidor tem à disposição vários tipos de sal, de moagens, cores e sabores diversos.

SAL DE MESA: é feito forçando a água para o interior de minas de sal e, então, evaporando essa água até que somente os cristais de sal permaneçam. Por volta de 1920, o iodo foi adicionado ao sal de mesa em um esforço para evitar bócio (condição causada por deficiência de iodeto). Altamente refinado, no Brasil, assim como nos Estados Unidos, além da adição de iodo contém carbonato de magnésio e outros produtos químicos.

SAL DO HIMALAIA: de tonalidade rosa clara, é um tipo de sal de rocha extraído da região ao sopé dos Himalaias. É quimicamente similar ao de mesa, contendo 98% de cloreto de sódio com traços de minerais, como potássio, magnésio e cálcio, que dão ao sal sua cor. É usado da mesma maneira que o sal de mesa comum na culinária.

SAL MARINHO: basicamente, se há um mar, há uma boa chance de ter um sal. O sal marinho é criado a partir de água do mar evaporada. O processo é um pouco mais caro que o de mineração do sal de mesa, e o sal marinho pode conter vestígios de minerais. Porque há muitos mares ao redor do mundo, existem muitas variedades de sal marinho: sal do mar celta, do mar havaiano, do mar siciliano e fleur de sel, para mencionar apenas alguns.

FLEUR DE SEL: vem de lagoas costeiras de sal na França e é colhido manualmente. A insolação e o vento precisam estar a leste, a fim de que o sal "floresça" na superfície da água. Flor de sal oferece uma textura cristalina, o que significa que derrete lentamente na boca. Seu sabor agradável, que remete a terra, permanece na língua.

SAL KOSHER: trata-se de um sal sem aditivos (ou seja, não possui iodo e outros produtos). É colhido durante a evaporação, tornando seus grânulos maiores. O nome kosher se deve ao próprio processo e ao fato de apresentar cristais maiores e irregulares, indicados para curar carnes (um passo no processo kosher de tratamento da carne animal, que remove todo o sangue da superfície, conforme as especificações da Torá).

SAL DEFUMADO: é um sal aromático defumado com um número variável de madeiras livres da casca, por 14 horas ou até 14 dias. O tipo da madeira impacta o sabor, que pode ir do sutil ao forte ou mesmo ao doce.

SAL INFUSIONADO: seu processo utiliza ervas ou condimentos (mostarda e alecrim, por exemplo). Encontrado em uma crescente variedade de sabores, pode ser obtido de maneira fácil: combinar sal marinho ou sal grosso com semente ou erva aromática de sua escolha e pulsar no processador de alimentos, mas sem pulverizar. Deixe secar antes de utilizar ou estocar. É possível utilizar o micro-ondas, atentando para que o sal não mude de cor.

SAL NEGRO OU KALA NAMAK: o material do qual o sal negro se origina provém da mesma região do sal do Himalaia. Na verdade ele não é naturalmente negro, mas rosa (como o sal do Himalaia que conhecemos). A cor escura resulta de um processo químico pelo qual o sal negro passa e que lhe adiciona alguns elementos. Esse processo pode ocorrer artesanalmente ou em laboratório (o que o torna um produto industrial). Não tem utilização nos biscoitos.

FUNÇÕES DO SAL NA CONFEITARIA

Aqui estão algumas maneiras como o sal afeta produtos assados já a partir do momento em que é adicionado à massa.

O sal retarda todas as reações químicas que estão acontecendo na massa, incluindo a atividade de fermentação, reduzindo-a a um nível mais estável.

O sal também faz a massa um pouco mais forte e mais coesa.

O sal, naturalmente, adiciona sabor, mas também potencializa o sabor de outros ingredientes, incluindo a manteiga e a farinha.

O sal impacta a vida útil dos produtos assados, mas seus efeitos também dependem das condições meteorológicas. O sal é higroscópico, o que significa que absorve água. Consequentemente, em climas úmidos, ele vai interceptar a umidade do ar, tornando uma crosta crocante mais úmida, portanto encurtando sua vida útil. Em climas secos, no entanto, o sal ajuda a segurar a água na massa por mais tempo, inibindo a retrogradação do amido e, assim, estendendo a vida útil da preparação.

Ovos chicoteados (levedação mecânica).

LEVEDANTES

O TERMO "LEVEDANTE" expressa um agente que dá leveza a uma preparação por meio de uma ação mecânica (ar), biológica (levedura) e/ou química (fermento em pó, bicarbonato de sódio e seus parentes mais próximos, como o cremor de tártaro e o sal amoníaco).

Embora haja nominalmente essas três categorias de levedação, todas dependem da liberação de vapor, que em seu ponto de ebulição padrão de 100 °C se expande para quase 1.700 vezes o volume da água que produziu.

Duas delas (biológica e química) utilizam ingredientes de fermentação que geram gás carbônico (CO_2) e formam bolhas na massa. Já a expansão causada mecanicamente se baseia em incorporar uma grande quantidade de ar em uma massa, como em bolos clássicos, ou criando camadas finas e flexíveis de massa, separadas por camadas igualmente finas de gordura, formando bolsos expansíveis que podem capturar o vapor (massa folhada e crostas de torta, por exemplo).

A levedação biológica é tipicamente associada à panificação. Consiste na adição de uma colônia de bactérias a uma massa que lhes ofereça oxigênio e alimento durante certo tempo a certas temperaturas, provocando a formação de moléculas de CO_2, eficazmente levedantes. Neste capítulo, vamos explorar mais a mecânica e a química, largamente empregadas em cookies, biscoitos e bolachas.

O CASO ESPECIAL DA LAMINAÇÃO

LAMINAÇÃO DEFINE UM PROCESSO NO QUAL SE BUSCA MECANICAMENTE CAUSAR EXPANSÃO DE UMA MASSA CONSTRUINDO UMA REDE BEM DEFINIDA DE CAMADAS ALTERNADAS DE MASSA E GORDURA, POR MEIO DA APLICAÇÃO DE DOBRAS E ESTIRAMENTOS SUCESSIVOS. A EXPANSÃO É OBSERVADA SOMENTE NO PRODUTO ASSADO. EMBORA ISSO POSSA SOAR TRABALHOSO E INTIMIDANTE, NÃO É PARTICULARMENTE COMPLICADO. SE FEITO CORRETAMENTE, O PROCESSO DE CAPAS OU ENCAPSULAMENTO (LÂMINAS) NÃO SÓ DISTRIBUI A GORDURA POR MEIO DA MASSA COMO TAMBÉM INCENTIVA O DESENVOLVIMENTO DO GLÚTEN, TORNANDO A MASSA FLEXÍVEL E ELÁSTICA, DE MODO QUE IRÁ LITERALMENTE INFLAR QUANDO O VAPOR FOR LIBERADO DURANTE A COCÇÃO. O EXEMPLO MAIS CONHECIDO É A MASSA FOLHADA.

LEVEDAÇÃO MECÂNICA

O levedante ou texturizante mais simples é o ar capturado na massa. O ar é criado e aprisionado por um número de processos diferentes durante a mistura.

ESPUMA E CREME: não minimize a importância desse passo; aplique o movimento na velocidade sugerida e pela duração de tempo que a receita instrui. Considere o tipo de equipamento utilizado e a quantidade a ser produzida.

EDULCORANTES: açúcar em forma seca captura mais ar do que açúcares invertidos ou líquidos. Isso não quer dizer que na presença de açúcares invertidos, como mel, não haverá expansão, pois a receita irá arrolar outro tipo de levedante para fazer a massa crescer suficientemente.

GORDURA: a maneira como a gordura é incorporada à massa também pode potencializar a quantidade e a estabilidade do ar que se aprisiona. Fazer um creme com o açúcar e a manteiga juntos incorpora ar efetivamente, uma vez que a ação dos batedores e o atrito proporcionado pelos cristais de açúcar acumulam ar durante o processo. Além disso, a quantidade de água presente na manteiga, ao ser aquecida durante a cocção, expande-se e se transforma em vapor; isso também auxilia na criação de produtos mais leves. No caso de gorduras líquidas, os produtos serão mais pesados, porque não promovem a criação de ar.

OVOS: frequentemente as receitas pedem que os ovos sejam batidos até branqueados, sinal de que incorporaram uma quantidade apropriada de ar. As claras podem ser batidas até uma espuma consistente para se transformarem em merengue. No método cremoso, no qual os ovos são adicionados ao creme de açúcar e gordura, provoca-se uma emulsão que pode conter mais ar do que os ovos sozinhos.

FARINHA E INGREDIENTES SECOS: esse tipo de ingrediente, principalmente a farinha, deve ser peneirado quando se deseja incorporar ar à massa. A farinha aerada fará sua preparação mais leve desde o começo.

LÍQUIDOS: líquidos frios apresentam mais oxigênio do que em temperatura ambiente e mornos. Mas, como toda regra tem sua exceção, sugiro que se usem líquidos frios, a não ser que a receita diga o contrário.

LEVEDAÇÃO QUÍMICA

Os produtos de confeitaria (e também muitos de panificação) são quimicamente fermentados pela adição de agentes como bicarbonato de sódio e fermento em pó químico – e seus primos-irmãos sal amoníaco (amônia de padeiro) e cremor de tártaro. Todos produzem gases de fermentação que são responsáveis pelo volume da maioria dos produtos alimentares assados. A fermentação química é baseada em um princípio simples da química: um ácido (como o vinagre, o iogurte, o cremor de tártaro), quando combinado a um composto alcalino (como o bicarbonato de sódio), produz o gás carbônico, que cria bolhas em uma massa (de bolo, de biscoito, por exemplo), a qual infla com vapor durante o cozimento.

BICARBONATO DE SÓDIO

É a fonte de gás carbônico no sistema de fermentação. Igualmente neutraliza o ácido fermentador, ajustando o pH final da preparação; um sal alcalino pode ser adicionado sozinho ou como um componente de fermento em pó. A alcalinidade do bicarbonato de sódio reduz o ponto de caramelização de açúcar na massa de biscoito e outras massas, causando maior e mais rápida coloração da crosta. O sódio igualmente tem um efeito de enfraquecimento em proteínas da farinha, que é mais pronunciado quando o bicarbonato é usado sem a presença de um ácido para contracenar. Parte da alcalinidade do bicarbonato é neutralizada pela acidez natural dos outros ingredientes da fórmula. Muito sódio vai resultar em uma reação química entre a gordura da fórmula e o sódio, provocando um indesejável e subliminar gosto de sabão. Como norma, as receitas que listam o bicarbonato de sódio em vez de fermento em pó químico geralmente usam algum tipo de ácido, como iogurte, cacau em pó e mel, entre outros, que reagem com o bicarbonato de sódio para produzir as bolhas.

CREMOR DE TÁRTARO

Seu nome científico é bitartarato de potássio, um ácido que vem de frutas azedas. Consiste em um subproduto natural da indústria vinícola. Esse ácido de cocção é usado com bicarbonato de sódio como um agente fermentador. Uma ação rápida de fermento em pó pode ser feita pela combinação de 2 partes de cremor de tártaro com 1 parte de bicarbonato de sódio. Quando o cremor de tártaro é usado sem um alcalino para contrapor, como o bicarbonato de sódio, aumenta a acidez da massa. A acidez mais elevada produz uma cor mais branca da migalha e uma cor mais clara da crosta, porque o açúcar carameliza em uma temperatura mais elevada em meios ácidos. O cremor de tártaro pode auxiliar o bicarbonato de sódio a liberar gás carbônico, ajudando a massa a crescer e tornar o produto final leve e poroso. Ele também pode impedir a formação de cristais grandes de açúcar, o que mantém o cookie macio e cremoso (em vez de duro e muito crocante).

FERMENTO EM PÓ QUÍMICO

Trata-se de uma mistura de ácidos alimentares (que existem em vários tipos) e bicarbonato de sódio com ingredientes inertes (amido de milho ou carbonato de cálcio), que só são adicionados para evitar que o fermento em pó se empelote durante o armazenamento. Reage na presença da umidade e do calor para liberar gás carbônico. Durante o processo de cocção, os ingredientes ácidos e o bicarbonato de sódio contido no fermento em pó são dissolvidos no líquido, formando o gás. Nenhum vestígio do ácido nem do bicarbonato de sódio permanecem no produto acabado, porque se neutralizam.

» Fermento em pó químico de ação dupla

O fermento em pó disponível no mercado hoje é de dupla ação; isso significa que sua reação ocorre em dois estágios, usando dois ácidos diferentes. Um ácido reage muito rapidamente e, quando combinado a um líquido, ajuda a ventilar a massa. O segundo ácido é de ação mais lenta e começa a liberar gás carbônico somente quando aquecido. Esse duplo incentivo é uma vantagem por várias razões: dá mais flexibilidade ao confeiteiro, pois muitas receitas podem ser feitas, refrigeradas e ainda sofrer uma expansão quando forem assadas. O fermento em pó de ação dupla tem uma quantidade perfeitamente equilibrada de ácido e sódio, o que evita a presença de sabores indesejáveis.

SAL AMONÍACO

O carbonato de amônio ou bicarbonato de amônia alimentar é um fermento dos mais antigos, usados pelas nossas bisavós, que normalmente não está disponível nas lojas, embora possa ser encontrado em algumas farmácias, empresas de produtos de panificação e comércio on-line. Foi com muita curiosidade que abri minha encomenda de sal amoníaco. E descobri rapidamente sua maior desvantagem: um cheiro extremamente potente (a amônia é o material que era passado nos narizes das senhoras da época vitoriana para reanimá-las quando desmaiavam). Por causa de seu perfume nocivo, é usado para fermentar apenas produtos de baixa umidade, como cookies crocantes e biscoitos que secarão completamente durante o cozimento, para que a amônia se dissipe.

O atributo positivo do sal de amônia alimentar é que, ao contrário dos fermentadores em pó de cocção modernos, não deixa absolutamente nenhum resíduo químico, de cheiro, gosto ou cor. Ele tem um tempo de reação rápido e, enquanto a liberação de gases (como resultado do próprio produto químico, mais calor, mais líquido) produz um cheiro de amônia revelador, esse odor desaparece uma vez que a cocção é finalizada, produzindo cookies e biscoitos maravilhosamente crocantes. A amônia alimentar é

Springerle, receita antiga preparada com sal amoníaco.

usada principalmente em biscoitos e, às vezes, em massa choux. Não deve ser usado nos bolos ou em biscoitos e outras massas de confeitaria grossos e/ou úmidos, porque a amônia não terá tempo de evaporar. A confeitaria moderna pouco utiliza esse levedante, por sua natureza um tanto complicada. O sal amoníaco alimentar deve ser usado somente nas receitas em que esteja na lista de ingredientes.

» Como utilizar o sal amoníaco

Geralmente, o sal amoníaco é misturado com o líquido antes de haver a adição aos ingredientes secos, de modo que se dissolve bem e mistura completamente. Deve ser armazenado em ambiente seco, em recipiente bem vedado, pois absorve facilmente a umidade e empedra. Para verificar se ainda está ativo, coloque uma pequena quantidade em água quente. Se borbulhar vigorosamente, pode ser utilizado em receitas. Você pode substituir o fermento em pó pelo sal amoníaco em uma cuidadosa e baixíssima proporção, mas o produto final pode não ter a mesma textura. Confeiteiros europeus ainda o utilizam na formulação de biscoitos que serão pressionados em um molde, pois parecem manter sua forma melhor quando esse ingrediente é usado.

AS SUBSTITUIÇÕES ENTRE LEVEDADORES QUÍMICOS

Quando uma receita chama o bicarbonato de sódio, você sempre pode optar por usar o fermento em pó químico. No entanto, uma vez que o fermento em pó possui um ácido inerente/equilíbrio de base, o ingrediente ácido na massa não será neutralizado e, portanto, terá um sabor mais proeminente. Se você gosta do sabor ligeiramente ácido do iogurte, por exemplo, e sua receita pede bicarbonato de sódio para neutralizá-lo, tente usar o fermento em pó, o que permitirá que o sabor do iogurte seja mais pronunciado.

Substituir bicarbonato de sódio por fermento em pó é um pouco complicado, pois o sucesso dessa substituição depende da suficiente presença de ácido para provocar uma reação. Não substitua bicarbonato de sódio por fermento em pó em uma receita sem alguns ingredientes claramente ácidos.

Já no caso de substituição de sal amoníaco por fermento, a receita fará biscoitos crocantes. Não só os dois produtos podem ser usados de forma intercambiável como a amônia alimentar produz um interior mais leve e crocante. Isso ocorre porque, quando seus cristais minúsculos se decompõem no calor do forno, deixam células de ar minúsculas pelas quais a umidade escapa facilmente.

CINNAMON
canela em pau

KORINTJE CINNAMON
canela da indonésia em pó

POPPY
semente de papoula

SESAME
semente de gergelim

CINNAMON
canela em pó

CARAWAY
alcaravia

ALLSPICE
allspice ou pimenta-da-jamaica

FENNEL
erva-doce

GINGER
gengibre

CARDAMOM
cardamomo

CLOVES
cravo-da-índia em pó

CHINESE 5 SPICES
5 especiarias chinesas

VANILLA
baunilha

STAR ANIS
anis-estrelado

FLAVORIZANTES

EXTRATOS E EMULSÕES

Um extrato é uma substância elaborada a partir da extração da parte crua da matéria-prima. Pode ser comercializado como tintura ou em forma seca. Os princípios aromáticos de muitas especiarias, oleaginosas, ervas, frutas e flores são comercializados como extratos.

Os extratos são os tipos mais comuns de flavorizantes e podem ser adquiridos em seu estado puro ou imitação. Os puros são usualmente mais fortes do que as imitações. Entre os extratos puros mais utilizados na pâtisserie estão os de amêndoa, canela, cravo, gengibre, limão, noz-moscada, hortelã, menta, laranja, alecrim, violeta, jasmim, lavanda e baunilha.

A principal diferença entre um extrato e uma emulsão de sabor está no elemento em que os compostos saborizantes são suspensos. O extrato utiliza uma solução de álcool de 35% (aproximadamente) para suspender os compostos do sabor. A emulsão consiste em materiais flavorizantes, como óleos essenciais ou oleorresinas, adicionados à água e emulsificados por gomas e outros estabilizantes para formar uma emulsão óleo em água. Essa característica permite elementos flavorizantes insolúveis. Uma emulsão pode utilizar certas partículas da substância flavorizante original ou pode consistir em uma mistura artificial. Levando a extremos, qual sua preferência: pó para refresco de limão ou refresco de limão extraído da fruta?

Por empregar a mistura pegajosa de água e goma, que não evapora rapidamente, a emulsão retém melhor os óleos essenciais durante o armazenamento e a cocção. Algumas pessoas preferem emulsões, um sabor mais robusto, enquanto outros acreditam que pode ser muito dominante.

Um dos extratos mais comuns é o de baunilha. Particularmente, gosto muito de baunilha bourbon, produto natural em que o álcool utilizado é um bom whisky, para agregar ainda mais caráter ao produto.

ÓLEOS FLAVORIZANTES

Os óleos flavorizantes utilizados na cozinha doce não são óleos "de fato", porque não contêm óleo vegetal. Esses flavorizantes são obtidos de cascas (pense em limão e laranja), flores ou folhas de plantas. Têm menor diluição: apresentam-se de 3 a 4 vezes mais fortes que os extratos. Por não conterem álcool ou água, são tolerantes a altas temperaturas – uma excelente escolha na elaboração de balas e bombons.

Os óleos são mais caros que os extratos. Mas, quando utilizados em produtos assados, 1 gota percorre um longo caminho. Assim, use esse produto com conta-gotas, preferencialmente ao final do processo de mistura. Óleos para confeitaria e panificação devem ser destinados à fabricação de alimentos, ponto importante quando vemos um mercado em expansão para óleos essenciais na aromaterapia e na fabricação de sabonetes.

Quando agregados a merengues ou formações esponjosas, adicione após o processo de mistura estar concluído: a presença de um óleo impede ou reduz a formação de espuma, pois lubrifica as células dos ovos densamente, não deixando espaço para a incorporação de ar durante a ação mecânica do batimento.

ESSÊNCIAS

Historicamente, o termo "essência" significava uma forma muito concentrada de um extrato puro. Porém os produtos vendidos sob a nomenclatura "essência de baunilha", por exemplo, são usualmente sintéticos, quimicamente produzidos, mais baratos, com a presença agregada (não natural) de alguns elementos da baunilha. Assim, a diferença entre extrato e essência é bastante significativa – em sabor, qualidade, custo e resultados.

Os termos "extrato" e "essência" podem apresentar variações de país para país ou mesmo em produtos de um mesmo país onde as leis ou o controle possam sofrer nuances regulatórias.

Assim, comece comparando os preços. Leia o rótulo cuidadosamente para determinar quais produtos são naturais e quais são sintéticos: as essências geralmente contêm álcool, açúcar, flavorizante (extrato de baunilha) e água, enquanto os extratos contêm fava de baunilha, água e álcool.

Considerando que você tenha extratos e essências em sua despensa, saiba como utilizá-los. Em cremes e molhos, adicione a essência a qualquer momento, mas o extrato, apenas quando a cocção já está concluída. Já em misturas assadas, como bolos e biscoitos, utilize tanto o extrato como a essência logo no princípio, após a mistura de manteiga com açúcar.

Retirada das sementes da baunilha.

O CASO ESPECIAL DA BAUNILHA

A MESOAMÉRICA PRÉ-COLOMBIANA CULTIVAVA A ORQUÍDEA DO GÊNERO VANILLA DA QUAL SE ORIGINA A BAUNILHA. ATRIBUI-SE AO CONQUISTADOR ESPANHOL HERNÁN CORTÉZ A INTRODUÇÃO DA BAUNILHA – E TAMBÉM DO CACAU – NA EUROPA, APROXIMADAMENTE EM 1520.

A BAUNILHA MAIS CONHECIDA COMERCIALMENTE É A BOURBON OU BAUNILHA DE MADAGASCAR, PRODUZIDA NO PAÍS INSULAR AFRICANO, NA INDONÉSIA E EM ILHAS VIZINHAS, RESPONSÁVEIS PELO SUPRIMENTO DE 2/3 DA DEMANDA MUNDIAL POR ESSE MARAVILHOSO FLAVORIZANTE. UMA BOA DICA PARA APROVEITAR ESSE SABOR: QUANDO UTILIZAR O PRODUTO, RETIRE AS SEMENTES, MAS INTRODUZA A FAVA EM UM POTE DE AÇÚCAR, PARA A ELABORAÇÃO DE AÇÚCAR FLAVORIZADOR.

ESTIMA-SE QUE CERCA DE 95% DOS PRODUTOS DE BAUNILHA SEJAM ARTIFICIALMENTE FLAVORIZADOS COM VANILINA DERIVADA SINTETICAMENTE DA LIGNINA, UM POLÍMERO NATURAL ENCONTRADO EM MADEIRA.

A PASTA DE BAUNILHA É UM EXTRATO QUE CONTÉM AS SEMENTINHAS DO PRODUTO E, EM GERAL, ESPESSADA NATURALMENTE PELA APLICAÇÃO DE UMA GOMA E ALGUMA BAUNILHA EM PÓ, OU SEJA, UM PRODUTO QUE NÃO NECESSARIAMENTE CONTÉM MAIS EXTRATO. NÃO APRESENTA AROMA NEM SABOR MAIS INTENSOS; APENAS TEM UMA TEXTURA MAIS ESPESSA. A MAIORIA DAS PASTAS CONTÉM TAMBÉM ALGUM AÇÚCAR INVERTIDO, QUE ATUA COMO AGLUTINADOR.

Fruto do cacaueiro.

CACAU & CHOCOLATE

O NOME *THEOBROMA CACAO* foi dado pela primeira vez à árvore de cacau por Carolus Linnaeus – o pai da moderna classificação taxonômica das plantas. Theobroma vem do grego antigo e pode ser traduzido como "alimento dos deuses". Já a palavra cacau é oriunda da civilização maia e foi mantida pelos colonizadores espanhóis da Mesoamérica para descrever a árvore e seus produtos.

Apesar da popularidade do chocolate, a maioria de seus devotos consumidores não conhece as origens desse deleite e os complexos procedimentos de sua produção.

DO CACAUEIRO ÀS BARRAS DE CHOCOLATE

A colheita das árvores de cacau acontece duas vezes por ano. Cada fruto contém cerca de 20 a 40 sementes de tonalidade púrpura, cobertas com uma polpa branca adocicada. Essas sementes são muito nutritivas, com 50% de gordura, 25% de carboidratos e o percentual restante dividido em proteínas, teobromina, niacina, minerais (incluindo cálcio, ferro, potássio, magnésio, sódio e fósforo) e vitaminas A, B1, B2 e B6.

As sementes passam por fermentação e, após essa etapa, são deixadas para secar ao calor do sol. Depois da secagem, as sementes, chamadas de amêndoas, são ensacadas e levadas às indústrias. Lá, passam por torrefação, quando ganham caráter e o aroma peculiar do cacau. Então, seguem para um triturador, que retira as cascas das amêndoas e as corta em pequenos pedaços, chamados de nibs.

Os nibs são moídos até virarem massa/licor de cacau. Essa massa é prensada, sendo separada em dois produtos: a manteiga de cacau e a torta de cacau. A torta, que se esfarela facilmente, é misturada ao açúcar para a manufatura de chocolate em pó. A outra porção é resfriada e quebrada em tabletes, a serem usados na produção do chocolate.

Na fase seguinte, tem início a diferenciação entre os tipos de chocolate. Na produção do chocolate mais comum, o ao leite, a torta e a manteiga de cacau (que é reintroduzida no processo) recebem açúcar e leite. O tipo meio amargo também reúne esses ingredientes, exceto o leite. E o chocolate branco é elaborado com manteiga de cacau, leite e açúcar.

O QUE SIGNIFICA O PERCENTUAL NO CHOCOLATE?

Dependendo do contexto, a porcentagem se refere à quantidade de licor de cacau presente na mistura (no caso dos chocolates escuros) ou ao teor de manteiga de cacau na mistura (chocolate branco).

A porcentagem de cacau diminui à medida que a de outros ingredientes aumenta (principalmente o açúcar, junto com o percentual de produtos lácticos). No caso do chocolate branco, como vimos, temos a presença da manteiga, porém a quantidade de licor de cacau é zero!

Mas não basta supor que um chocolate com alto teor de cacau (por exemplo, 75%) terá melhor sabor, ou que signifique uma melhor qualidade do que uma barra com baixa porcentagem. Também a porcentagem não implica que o cacau a partir do qual o chocolate foi elaborado era da boa qualidade e tenha sido processado corretamente para ressaltar suas nuances de sabor e aroma. A fermentação, a secagem e a torrefação são tão importantes quanto a procedência e a quantidade do cacau.

Em geral, quanto maior o teor de cacau, menor a quantidade de açúcar usado e mais intenso o sabor do chocolate. Quem gosta do sabor do cacau puro pode encontrar barras de conteúdo 100% cacau, sem açúcar.

Como vimos, uma porcentagem mais elevada não é uma indicação de melhor qualidade, mas apenas de concentração mais elevada de cacau de qualidade ignorada.

A TEMPERAGEM

Para qualquer chocolate considerado "real" deve conter manteiga de cacau. A manteiga de cacau é o ingrediente responsável pela textura rica e cremosa do chocolate.

O licor do cacau (a pasta que vem da moagem dos nibs) naturalmente contém de 50% a 60% de manteiga de cacau.

É necessário temperar o chocolate para alinhar as moléculas de manteiga de cacau em uma estrutura cristalina. Esse processo, efetivado por variação de temperatura e misturas vigorosas, requer tempo e habilidade.

Se o chocolate não é temperado, a manteiga de cacau quebra e sobe, atingindo a superfície. Como o chocolate derretido solidifica à temperatura ambiente, ocorre a chamada florescência, condição em que o produto ganha manchas brancas ou cinzentas, aparência granulosa e textura empelotada.

O chocolate que compramos vem em seu estado temperado e deve apresentar certas características: ser brilhante; oferecer resistência quando quebrado ou mordido; ser resistente ao calor (não deve derreter nas mãos); formar uma área de superfície selada, sendo removido facilmente de seu molde.

OS TIPOS DIFERENTES DE CACAU EM PÓ

O cacau em pó é o licor de cacau que foi torrado e, então, ultrapulverizado. Há dois tipos principais, diferentes pela maneira como são processados: o em estilo holandês (Dutch) e o pó de cacau natural.

O processo holandês (ou alcalinizado) dá uma textura sedosa e suaviza o sabor do cacau, pois este é lavado em uma solução de potássio que neutraliza sua acidez, também lhe dando uma cor mais escura. Por ser neutro e não reagir com bicarbonato de sódio, esse pó deve ser usado em receitas que chamam por fermento em pó (a menos que haja outros ingredientes ácidos em quantidades suficientes).

O pó natural é o cacau que não teve seu ácido retirado. Geralmente é mais claro na cor e, por ter todos os seus ácidos, costuma ser combinado com o bicarbonato de sódio.

E QUANDO A RECEITA PEDE CACAU EM PÓ
SEM ESPECIFICAR O TIPO?

A diferença entre o estilo holandês e o natural está na acidez. Por isso, leia a receita e verifique o tipo de fermento que será utilizado. Se a receita usa o fermento em pó químico, utilize o cacau em pó alcalino ou holandês. Mas, se a fórmula pede o bicarbonato de sódio ou se chama os dois levedadores químicos (fermento e bicarbonato), então utilize o cacau natural. Ou seja, na presença de ingredientes ácidos, não deixe faltar bicarbonato de sódio para neutralizar o excesso da acidez!

O CACAU EM PÓ HOLANDÊS E O NATURAL
SÃO PERMUTÁVEIS EM UMA RECEITA?

Não exatamente, porque devemos fidelidade ao ingrediente listado na receita. Como insisto, a mudança de ingredientes, ainda que suponha a troca da mesma família (fermentos, açúcar, tipo de farinha etc.), desperta reações químicas diferentes, com consequências na textura e no sabor da preparação.

De baixo para cima, em sentido horário: chocolate branco 36%, manteiga de cacau em gotas, chocolate branco 32%, praline em barra, cacau em pó natural, cacau em pó estilo holandês, mini chocolate chips, chocolate chips, chocolate para cobertura, chocolate frutado (maracujá), chocolate frutado (morango), chocolate 52%, chocolate 65%.

Icebox cookie de chocolate.

GLOSSÁRIO RÁPIDO DO CHOCOLATE

CACAU EM PÓ. Licor de cacau torrado ultrapulverizado. Há dois tipos principais, diferentes pela maneira como são processados: estilo holandês (Dutch) ou alcalino e pó de cacau natural.

CERTIFICADO DE ORIGEM ÚNICA, VINTAGE OU GRAND CRU. Chocolates cujas origens são específicas de uma região ou de uma plantação. A qualidade não é um dado garantido e pode depender das práticas de agricultura e de processamento, por isso prove o produto antes de comprá-lo.

CHOCOLATE AMARGO. Aquele que contém entre 70% e 100% de licor de cacau.

CHOCOLATE AO LEITE. Chocolate doce ao qual foi adicionado leite integral e/ou leite desnatado em pó. Deve conter pelo menos 10% de licor de cacau por peso, embora as marcas premium contenham acima de 30% até 49% de licor.

CHOCOLATE BRANCO. O verdadeiro, encontrado na Europa, é elaborado com manteiga do cacau (pelo menos 33%), leite, açúcar e condimentos. E zero de licor. Nos Estados Unidos, é mais provável encontrar um revestimento branco da confeitaria feito com gordura vegetal e não com a manteiga de cacau.

CHOCOLATE MEIO AMARGO. Aquele que possui entre 50% e 69% de licor de cacau. É o tipo mais frequentemente utilizado para confeitos de qualidade. Além do licor, contém manteiga de cacau, açúcar, baunilha e, muitas vezes, lecitina (emulsificante à base de soja, usado em pequenas quantidades).

CHOCOLATE PARA COBERTURA OU CHOCOLATE ESPECIAL PARA REVESTIMENTO. Produto feito com óleo vegetal em vez de manteiga de cacau. Não possui o mesmo sabor intenso de chocolate e é destinado a revestir produtos como bombons e pão de mel.

COUVERTURE OU COBERTURA. Nome geralmente usado para se referir a chocolate de alta qualidade utilizado por profissionais de confeitaria e chocolatiers. É especialmente formulado para mergulhar e revestir confeitos.

MANTEIGA DE CACAU (GORDURA DE CACAU). Gordura que ocorre naturalmente nos grãos de cacau, obtida na prensagem do licor e essencial para a fabricação de chocolate. É pela presença da manteiga que o chocolate derrete na boca.

MASSA OU LICOR DE CHOCOLATE. Produto obtido da moagem dos nibs de cacau até um estado líquido, tecnicamente ainda não chocolate. Quando aquecido, o licor é fluido; frio, ele se solidifica. Também referido como a matéria bruta, formada pelo material líquido obtido pela moagem e pelos sólidos de cacau.

NIBS. A carne da semente do cacau, a substância fundamental de que o chocolate é feito.

TEMPERAGEM. Alinhamento das moléculas de manteiga de cacau presentes no chocolate em uma estrutura cristalina por meio da temperatura e da agitação.

Rugelach na mesa.

MISTURA DA MASSA E DETALHES DA COCÇÃO

Massa de chipa paraguaia.

MASSA × MISTURA

Nem todos os biscoitos e cookies são elaborados a partir de uma massa firme. O termo "massa" é usado às vezes equivocadamente para significar uma mistura mais líquida. Há distinções entre os dois, e devemos saber definir e manipular corretamente cada preparação.

Em termos culinários, temos duas definições:

MISTURA: combinação de farinha, ovos e leite ou água que é fina o suficiente para ser despejada ou cair de uma colher. Inclui massas para muffins e bolos, panquecas, waffles, canellés e crepes.

MASSA: mistura de farinha hidratada a certo ponto com um líquido (ovos, sucos, purês, lácticos, água), mas rígida o suficiente para ser manipulada, às vezes amassada e estirada. Abrange as massas para pães e da maioria dos biscoitos e cookies.

A quantidade de líquido presente na mistura determina o método para misturá-la e moldá-la, bem como a temperatura e o tempo de cocção.

ASPECTOS BÁSICOS NA MANIPULAÇÃO DE MASSAS

Quando trabalhamos com farinha de trigo, que oferece as proteínas necessárias para a formação de glúten, a maneira como efetuamos a mistura dos ingredientes pode determinar um indesejável desenvolvimento desse glúten e uma subsequente consistência firme, até borrachuda. Por isso, escolha o equipamento correto e os utensílios adequados, verifique a temperatura dos ingredientes, organize o ambiente de trabalho. Cuide para não empregar um amassamento excessivo, o que pode tornar a textura seca e dura, principalmente caso a massa contenha menos de 50% de gordura ou ingredientes suavizantes (por exemplo, ovos, lácticos, chocolate).

MODELAGEM: biscoitos e cookies em formato de bola levam mais tempo para assar, resultando em produtos mais suaves e espessos. Uma técnica comum seria achatar as bolinhas de cookie, deixando-os mais finos e crocantes.

DISTRIBUIÇÃO NA FÔRMA: massas de alto teor de gordura se esparramam mais ao serem assadas em temperaturas baixas. Considere sempre esse fator quando dispuser biscoitos e cookies na assadeira.

TEMPO E TEMPERATURA: esses dois fatores trabalham juntos durante a cocção.

TEMPERATURAS BAIXAS + MAIOR TEMPO DE COCÇÃO = biscoitos e cookies mais crocantes e finos.

TEMPERATURAS MAIS ALTAS + MENOR TEMPO DE COCÇÃO = biscoitos e cookies mais macios, mastigáveis e espessos.

EQUIPAMENTO E UTENSÍLIOS: fornos variam enormemente, por isso entenda quais são os pontos de maior temperatura do seu equipamento. As assadeiras devem ser de material espesso, então esqueça aquelas fôrmas de folha de alumínio, pois seus biscoitos e cookies irão queimar em vez de assar. Adquirir um tapete de silicone (silpat) também é um bom investimento. Leve em consideração o tipo de forno, se a gás ou elétrico: caso ele tenha prateleiras, a tendência é que a inferior, mais próxima à chama, asse muito mais rapidamente. E lembre-se de girar os cookies durante a cocção (depois de 2/3 do tempo total de forno), para melhor distribuição de temperatura.

ESFRIAMENTO: deixe que os biscoitos e cookies esfriem completamente antes de estocá--los, ou o vapor poderá torná-los murchos.

ARMAZENAGEM: o melhor local para conservar nossos produtos é uma questão mais bem respondida por observação. A orientação básica é não misturar diferentes itens em uma mesma embalagem, pois haverá troca de umidade, e o sabor e até mesmo o frescor ficarão comprometidos.

MÉTODO CREMOSO DE MISTURA

Por esse método, geralmente a manteiga e o açúcar são misturados na batedeira até a obtenção de um creme, sem vestígios de pedaços da gordura. E, então, os ovos são acrescentados, um a um ou em três adições, e misturados completamente entre cada adição. Com uma espátula de silicone, vamos limpando bem o fundo da tigela e as laterais. Com a batedeira ligada sempre na velocidade mais baixa, adicionam-se os secos peneirados, misturando bem, até obtermos uma massa.

Em todas as elaborações que envolvem uma grande quantidade de gordura, a temperatura da manteiga é importante para uma distribuição uniforme do açúcar.

PASSO A PASSO

1. Faça o mise en place.
2. Faça um creme com a gordura em uma batedeira (com a raquete), junto com o açúcar, o sal, as especiarias e os aromas.
3. Obtenha um creme à baixa velocidade. A duração do processo depende do resultado pretendido: se você quer biscoitos e cookies mais leves e finos ou densos e mastigáveis. Quanto mais longa a mistura, mais ar será incorporarado, tornando os produtos mais leves e crocantes. Menos manipulação os tornará mais mastigáveis (e eles também vão se espalhar menos no forno).
4. Adicione os ovos e/ou os líquidos restantes e misture-os com a espátula de silicone somente até combinados.
5. Adicione a farinha e os outros ingredientes secos (incluindo fermento em pó e/ou bicarbonato de sódio). Misture com a espátula somente até combinar.
6. Não extrapole o processo de mistura, ou a massa se tornará granulosa e de difícil manipulação.
7. Siga as instruções relativas a manipulação e modelagem. Podemos submeter nossas massas a refrigeração e congelamento antes de levá-las ao forno. Mas, antes, modele-as para obter a forma definitiva dos biscoitos. Faça isso logo após o processo de mistura. As exceções estão nas instruções específicas de massas muito macias. Um exemplo é o cookie de refrigerador: neste caso, o cilindro de massa é resfriado e, então, cortado em biscoitos, para que estes sejam levados ao forno (ver página 140). Uma outra exceção são as tuiles, massas muito finas as quais são modeladas "à la minuit" (logo depois de serem retiradas do forno; ver página 260.

MÉTODO SABLAGE (ARENOSO) DE MISTURA

O nome francês desse método define uma massa de textura flocada, com flocos de gordura bem pequenos, do tamanho de grãos de areia. Consiste em rápida e eficientemente combinar a gordura gelada e os ingredientes secos de maneira a preservar o tamanho de gordura correto dentro da mistura. Uma receita profissional deixará clara a dimensão desejada dos pedaços de gordura: por exemplo, tamanho ervilha, farofa espessa com pedaços de manteiga visíveis ou invisíveis, arenosa etc. O propósito é obter e distribuir a gordura em tamanho padrão, encapada pela farinha e igualmente espalhada na massa, o que inibe o desenvolvimento do glúten.

O método pode ser efetuado com as pontas dos dedos, com um cortador de manteiga/pâtissier, em batedeira ou em processador de alimentos. A regra mais importante é utilizar manteiga gelada, cortada em cubos pequenos, e tê-la encapada por farinha antes de efetivar atrito.

PASSO A PASSO

1. Faça o mise en place.
2. Faça uma farofa com a gordura, a farinha, o açúcar, o sal, as especiarias e os aromas, trabalhando-a até romper completamente os pedaços de gordura, mas sem amassá-la e se formar uma pasta. A duração do processo depende do resultado pretendido: se você quer biscoitos mais leves e finos ou densos e mastigáveis. Quanto mais longo, mais a gordura se derrete e se mistura aos agentes estruturados, formando massas menos flocadas e tornando os cookies e biscoitos pesados, massudos e secos. Menos manipulação os tornará mais flocados e de textura fina (e eles também vão se espalhar menos no forno).
3. Caso esteja preparando shortbreads, após toda a gordura estar em grânulos uniformes, siga amassando até obter uma massa, sem sovar. Guarde a massa em refrigerador até sua utilização, coberta com filme plástico. Já para biscoitos e cookies comuns, adicione os ovos e/ou os líquidos restantes e misture-os somente até combinados.

MÉTODO ESPONJOSO DE MISTURA

Nesse método, os ovos (inteiros, ou só claras, no caso de merengues) e o açúcar são batidos formando uma esponja antes de os demais ingredientes serem adicionados. Esse procedimento pode variar consideravelmente, dependendo dos ingredientes utilizados. É mais eficaz para receitas pequenas, pois a esponja, superdelicada, deve ser manipulada rápida, eficiente e cuidadosamente. O método esponjoso costuma ser utilizado na elaboração de merengues, mas é também empregado, integral ou parcialmente, em outras produções delicadas, como madeleines.

PASSO A PASSO

1. Faça o mise en place.
2. Faça a esponja de ovos e açúcar até o estágio indicado na receita, usando o globo de uma batedeira em velocidade alta ou a mão (com um fouet).
3. Cuidadosamente, agregue os demais ingredientes, cuidando para não exceder a manipulação (o que diminui drasticamente a qualidade da esponja e do produto final).
4. Despeje em manga de confeitar imediatamente ou despeje em assadeira forrada com papel-manteiga ou silpat, seguindo as orientações da receita. Asse imediatamente.

ANTES DE RESFRIAR

SE HÁ UMA COISA QUE SE PODE FAZER PARA UM BISCOITO OU COOKIE É DEIXÁ-LO DESCANSAR: ISSO OS DEIXA MAIS ESCUROS E SABOROSOS, COM NUANCES DE CARAMELO, POIS DURANTE O PROCESSO DE DESCANSO AMBOS, PROTEÍNA E AMIDO DA FARINHA, SOFREM UM ROMPIMENTO DE ESTRUTURA QUE DESENCADEIA PROCESSOS PARALELOS. OS BISCOITOS SE TORNAM AROMÁTICOS, CARAMELIZADOS E DOURADOS.

NA HORA DE ASSAR

BISCOITOS, BOLACHAS E COOKIES LEVADOS DIRETAMENTE DA GELADEIRA PARA O FORNO APRESENTAM UMA TEXTURA MAIS COMPACTA. JÁ OS QUE REGRESSAM À TEMPERATURA AMBIENTE ANTES DA COCÇÃO SE ESPARRAMAM MAIS. AJUSTAR A TEMPERATURA DE COCÇÃO INICIAL E A TEMPERATURA DA MASSA PODE CRIAR UMA VARIEDADE DE TEXTURAS E CONTRASTES.

Chocolate chip cookie.

O QUE OCORRE NA COCÇÃO

Quando introduzimos o biscoito ou cookie no forno, reações físico-químicas são disparadas, e uma delas libera umidade e gás, levantando a massa. Durante a etapa seguinte da cocção, o calor faz com que a massa seque, e as pequenas células se firmem.

A cocção de biscoitos e cookies, em razão do tamanho reduzido desses produtos, deve ser vigiada, pois eles podem se tornar superassados irreversivelmente. Retire ou cheque os produtos alguns minutos antes do tempo informado pela receita, quando estarão assados, porém com seus centros ainda macios e úmidos. As bordas devem estar levemente douradas, mas o meio deve aparentar uma massa meio encruada.

O QUE ACONTECE COM OS INGREDIENTES

AÇÚCAR: durante a cocção, a metabolização do açúcar (sucrose) leva à caramelização gradual e confere brilho à crosta do cookie.

SAL: o sal desacelera a produção de gás carbônico e previne a formação e o alargamento de bolhas.

GORDURA: controla o desenvolvimento do glúten, outorgando uma textura leve e contribuindo para o sabor do produto.

OVOS: os inteiros são agentes aglutinadores; as gemas atuam como emulsificantes, em razão de seu conteúdo de gordura e proteínas; claras oferecem coesão à massa por causa da albumina, que também auxilia na assimilação de bolhas.

LEVEDANTES QUÍMICOS: bicarbonato de sódio absorve calor, provocando uma reação química. O movimento criado pela reação química do gás carbônico forma bolhas nos cookies.

O QUE ACONTECE COM A MASSA

ESPARRAMAÇÃO: a manteiga se derrete conforme é aquecida, e massa começa a conter mais líquido, gradualmente se espalhando.

VOLUME: ao redor de 100 °C, o líquido se transforma em vapor, puxando energia para dentro da massa, causando a expansão. Também os levedantes químicos, quando presentes, quebram-se em gás carbônico, o qual também aumenta o volume. Esses gases deixam para trás pequenos poros durante a maturação do cookie, tornando-o leve, poroso e flocado.

FORMAÇÃO DE ALVÉOLO: enquanto a manteiga se derrete e a estrutura do biscoito ou cookie se afrouxa, existe a liberação de água, que dissolve o fermento químico ou o bicarbonato de sódio. No caso do bicarbonato de sódio, ele desperta uma reação com os componentes ácidos do açúcar mascavo, criando gases que causam ao produto um alveolamento, fazendo-o subir e desenvolver uma estrutura interior mais aberta.

BORDAS: à medida que o cookie se espalha, as bordas se diluem. Esse processo, considerando o fato de que as bordas estão totalmente expostas ao calor do forno e constantemente atingindo áreas mais quentes da assadeira, faz com que a borda comece a se definir muito antes do centro.

ESTABILIZAÇÃO DE PROTEÍNAS DO OVO E AMIDOS: uma vez expostos ao calor intenso, as proteínas do ovo e os amidos hidratados começam a ajustar-se na estrutura, definindo a forma e o tamanho final do produto.

CARAMELIZAÇÃO DO AÇÚCAR: nas bordas e na superfície inferior, em contato direto com a assadeira, os grânulos de açúcar se derretem, tornando-se líquidos antes de começarem a caramelizar. Caramelizando, produzem sabores intensos e doces.

CARAMELIZAÇÃO E DESENVOLVIMENTO DE SABOR: ao final da cocção, duas reações químicas imprimem centenas de sabores, somando as características de caramelização. Na caramelização, os açúcares na massa se rompem, transformando-se de cristais sem odor e coloração em um líquido fragrante, exalando sabores e odores. Simultaneamente, um outro processo, denominado reação de Maillard, oferece à preparação sabores e odores ainda mais intensos. A reação envolve não apenas os açúcares presentes na massa mas também as proteínas da farinha e dos ovos.

Florentines após a manipulação e a modelagem.

Florentines assadas.

REAÇÃO DE MAILLARD: como dito anteriormente, proteínas da farinha e dos ovos, junto do açúcar, apresentam essa reação físico-química que produz sabor amendoado, bem como nuances salgadas e tostadas.

ESFRIAMENTO DO BISCOITO: retirado o produto do forno, o processo ainda não acabou. Quando o biscoito esfria, aquele açúcar liquefeito endurece, o que pode lhe dar uma crocância extra, uma textura de caramelo em torno das bordas. Enquanto isso, o ar dentro também esfria, o que faz com que o cookie desinfle um pouco, embora, quando totalmente assado, a estrutura emprestada por ovos e farinha vá ajudá-lo a reter seu volume.

NOTAS FINAIS SOBRE MISTURA E COCÇÃO

Seja qual for o método de mistura utilizado, biscoitos e cookies necessitam apresentar espessura e tamanho consistentes para que possam assar de maneira uniforme.

As coordenadas de cocção são apenas um guia. Quando falamos de fornos, tão diferenciados, entendemos que o tempo e a temperatura terão variações enormes. Quando finalizar sua massa, faça um teste, assando apenas 2 ou 3 biscoitos. Observe a esparramação, bem como o lado que está mais corado, e ajuste tempo e temperatura de acordo com seu forno. Além disso, um tempo de cocção acurado depende de outros fatores, como ingredientes, mistura, temperaturas de manipulação, espessuras e diâmetros, modelagem e formas.

Algumas vezes recomendo a utilização de duas assadeiras, para prevenir que o calor da chama posicionada na cavidade inferior do forno queime o biscoito ou cookie antes de estar assado.

Massas refrigeradas tendem a manter uma modelagem mais consistente.

Biscoitos de figuras ou formas, com cortadores ou abertos com rolo, beneficiam-se enormemente de uma refrigeração rápida antes de serem assados.

Spritz glaceado.

Em cima: madeleine de mel & matcha;
embaixo: madeleine red velvet.

SE CLASSIFICADOS POR TEXTURA, existem basicamente dois tipos de biscoito: duro e macio. Os macios, mais mastigáveis, contêm uma grande quantidade de umidade, incluindo maior porcentagem de ovos para produzir a necessária estrutura. Biscoitos duros contêm menos umidade; são mais crocantes e secos.

BISCOITOS SECOS: um alto conteúdo de açúcar aumenta a esparramação, porque o ingrediente se liquefaz a temperaturas altas durante a cocção. De fato, muitas vezes o açúcar pode ser considerado um ingrediente líquido, ainda que em sua forma seca. Receitas que utilizam o açúcar granulado tendem a manter uma textura mais crocante. O açúcar, por ser altamente higroscópico, imediatamente absorve a água e se dissolve, deixando menos umidade na massa. Esse ingrediente também aumenta a temperatura na qual as proteínas coagulam, o que retarda a firmeza do biscoito ou cookie. Além disso, refrigerar ou congelar a massa proporciona mais tempo para a absorção de líquidos, fazendo massas mais firmes e possibilitando melhor desenvolvimento do sabor.

BISCOITOS FIRMES E MASTIGÁVEIS: em geral, formas líquidas de gordura fazem biscoitos mais densos e mastigáveis, como manteiga derretida, ghee, beurre noisette, manteiga de coco, gordura de coco, óleo vegetal etc. Assim, são definidos por sua umidade. Uma massa úmida se expande ou esparrama mais durante a cocção, criando biscoitos muito mais finos. A presença de umidade também promove o desenvolvimento do glúten na massa, propiciando o resultado mais denso e mastigável. Então, caso deseje elaborar produtos com essas características, escolha receitas com um conteúdo de umidade significativo, ou com gordura na forma líquida, com menos farinha, menos claras de ovos (que podem secar os biscoitos) e uma proporção maior de açúcar mascavo do que açúcar branco (açúcar mascavo auxilia na retenção de umidade).

BISCOITOS MACIOS E MASTIGÁVEIS: a textura mastigável depende da umidade, mas também da densidade do biscoito ou cookie. Óleos vegetais e gorduras derretidas, os quais não encasulam ar tão bem quanto as gorduras sólidas, contribuem com ambas as qualidades (maciez e "mastigabilidade"). Quanto ao edulcorante, açúcar mascavo, mel, melaço, glucose, açúcares invertidos em geral também contribuem para tais qualidades por serem higroscópicos, absorvendo umidade do ar após o biscoito terminar de assar e durante sua conservação. Açúcar de confeiteiro bem fino contribui com uma textura densa. Gemas, em vez de ovos inteiros, adicionam mais gordura e enriquecem a textura. Menores quantidades de levedantes, principalmente de bicarbonato de sódio, produzem biscoitos menos crocantes.

BISCOITOS COM TEXTURA DE BOLO: reduzir a umidade extra cria biscoitos mais espessos e mastigáveis e limita o desenvolvimento do glúten, elaborando produtos de textura similar à de bolo. Receitas com farinhas menos proteinadas e aquelas com maior quantidade de ovos tendem a se esparramar menos, resultando também em uma consistência parecida com a de bolo.

CLASSIFICAÇÃO TRADICIONAL OU DIDÁTICA

Textura à parte, biscoitos e cookies costumam ser classificados de acordo com seu método de dispensa. O ingrediente dominante (por exemplo, pistacho, chocolate...) também pode classificá-los.

A seguir, as técnicas de manipulação mais reconhecidas na elaboração de biscoitos e cookies.

COOKIES DE REFRIGERADOR (ICEBOX COOKIES): a massa é enrolada em cilindros, embalada, refrigerada ou congelada e, depois, fatiada na espessura desejada para a obtenção dos biscoitos. Também há a composição de cores (por exemplo, o cookie xadrez ou quadriculado). A massa é firme e, após a refrigeração, ganha firmeza ainda maior, facilitando a manipulação.

COOKIES DISPENSADOS COM BOLEADOR OU BOLEADOS A MÃO: o cookie é porcionado com a utilização de uma colher ou um boleador de sorvete. É uma técnica ideal para produtos macios (como o chocolate chip cookie; ver página 126). Durante a cocção, as porções se esparramam e atingem certo diâmetro, dependendo das características da massa, bem como do sucesso do método de mistura.

BISCOITOS DE MASSA PARA CORTE: a massa é manipulada na mesa, com a utilização de um mínimo de farinha possível até a espessura desejada e, então, cortada com o auxílio de cortadores ou a mão livre. Biscoitos de gengibre e cookies de Natal são um bom exemplo dessa massa firme. Uma boa massa, além de sabor e coloração, tem bordas limpas e seu diâmetro sofre uma alteração mínima, não distorcendo os designs.

BISCOITOS MODELADOS: elaborados pela modelagem manual da massa em bolinhas, bastonetes, crescentes e outros formatos.

BISCOITOS POR IMPRESSÃO: formados pela impressão de designs na massa, com um rolo dotado de desenhos festivos ou pela inserção de uma porção da massa em um molde individual. Exemplos são o springerle, o speculaas e o ma'amoul.

BISCOITOS FATIADOS OU PORCIONADOS: biscoitos que podem ser assados em uma assadeira completa e, então, cortados em pedaços, como brownies e biscotti.

STENCIL: técnica utilizada para elaborar biscoitos muito finos e delicados, a partir de uma massa muito macia ou pastosa, chamada cigarrette ou tuile. Um template vazado é preenchido por uma capa fina da massa, que é assada e modelada logo após sair do forno. Empregada para decoração de sobremesas.

MANGUEADOS: produtos trabalhados com a manga de confeitar. Essa variedade inclui os macarons.

DISPENSADOS POR EXTRUSÃO: a máquina de extrusão é simplesmente um pequeno equipamento que consiste em um cilindro com um bico dispensador. A massa, semissólida, é dispensada pelo apertar do gatilho, havendo a distribuição de quantidades uniformes e consistentes. Esta técnica, empregada em biscoitos de massa geralmente rica em manteiga, mantém a forma durante a cocção, sem distorções significativas. Um exemplo conhecido é o amanteigado escandinavo spritz, cujo nome original remete à ideia de expulsar.

Morning glory cookie (massa colocada em fôrmas para muffin com o boleador e que se esparrama durante a cocção).

Ma'amoul, biscoito por impressão obtida por molde de madeira. Ao fundo, mástica em pedra.

Template utilizado na técnica de stencil.

Tuiles obtidos pela técnica de stencil.

Exemplos de spritz (petit-four escandinavo) mangueados e dispensados por extrusão.

COMO JULGAR UM BISCOITO OU COOKIE

O biscoito pronto expressa o modo como o produto carregou as reações físico-químicas. Para julgar esse aspecto, alguns pontos devem ser considerados.

ESPARRAMAÇÃO: quanto tempo o biscoito assou antes de começar a se esparramar na assadeira ou na fôrma? Quanta esparramação apresentou?

DIÂMETRO DE ESPARRAMAÇÃO: qual o diâmetro em que se esparramou?

SABOR: como os flavorizantes afetaram as características finais do produto quando fresco e quando acondicionado em sua embalagem?

PERFIL DE SABOR: quais são as combinações de sabor no produto final? Qual o aroma durante a cocção? Quais aromas e sabores salientados quando degustados, (ervas, especiarias, extratos, flavorizantes artificiais e naturais)?

TEXTURA: os biscoitos e cookies se mostraram gordurosos ao toque, granulosos ou esmigalháveis? Apresentaram espessura, forma e coloração uniformes? Qual o grau de crocância, maciez, mastigabilidade?

APARÊNCIA: os biscoitos apresentaram espessura, forma e coloração uniformes?

ESTOCAGEM: como o biscoito ou cookie foi estocado? Refrigerado, congelado ou em temperatura ambiente? Eles se tornaram secos ou quebradiços após a estocagem?

A partir da observação dessas características, é válido preencher uma "planilha" como a mostrada abaixo, para ir aprimorando sempre seus produtos.

Avaliação dos biscoitos e cookies

Característica	Satisfatória	Não satisfatória	Comentários
Esparramação			
Diâmetro de esparramação			
Sabor			
Perfil de sabor			
Textura			
Aparência			
Estocagem			

Este livro poderia ter mil páginas, com centenas de versões dessas pequenas guloseimas: por tamanho, método de dispensa, origem, sabor, ingrediente, dieta, beleza... Independentemente da abordagem, um fator é incontestável: o sabor! Como avaliamos o gosto de um biscoito ou cookie? Como lhe outorgamos qualidade?

Quando leio "O melhor... do mundo", fico indignada! Melhor de acordo com o quê ou quem? O fato de eu gostar ou desgostar de algo não oferece parâmetro. Assim, meu livro busca exatamente isso: parâmetros!

As receitas que escolhi para compor a parte II, entre as tantas que já elaborei em minha longa carreira, têm um objetivo acima de tudo didático. Penso que explorar a técnica, as escolhas, os resultados capacita o leitor a talvez eleger os seus "melhores do mundo", mas segundo critérios sérios ou até parâmetros científicos, por uma estrutura lógica de avaliar que sustente seus favoritismos e opiniões.

Nas próximas páginas, você vai aprender, por exemplo, a melhor madeleine red velvet do mundo – segundo os princípios científicos e técnicos que possuo e valorizo. Mas também porque reúne a coloração, a textura, o sabor, o aroma, o volume exatos do que entendo por madeleine. E assim com as demais receitas. Espero inspirar meu leitor a criar com propriedade de causa, não apenas com subjetividades.

PARTE II

RECEITAS E FÓRMULAS

De baixo para cima: cookie com gotas de chocolate tradicional, my favorite oatmeal cookie, sablé black & white (coberto com chocolate meio amargo e chocolate branco).

O sucesso de qualquer preparação depende 100% de uma mise en place minuciosa e completa. E eu não traduzo essa expressão como "separação de ingredientes". Eu a entendo como planejamento, pois não se trata apenas da seleção e da pesagem dos insumos, mas de pensar todo o produto: o porquê da escolha da receita, os ingredientes, os equipamentos, os utensílios.

A mise en place é fundamental, para que a preparação e a manipulação sejam efetuadas em sincronia com os passos subsequentes, e também para que a falta de qualquer ingrediente seja detectada antes de colocarmos a mão na massa. Esse processo inclui torrar pistachos e outros tipos de grãos e sementes; peneirar os ingredientes secos; derreter a manteiga se necessário; deixar os ovos à temperatura ambiente se assim requerido; preparar um banho-maria... Tudo precisa ser organizado a fim de evitar interrupções, pois estas podem afetar crucialmente a qualidade do resultado.

E, claro, limpe e organize seu espaço enquanto trabalha. Resumindo,

ANTES DE PARTIR PARA A EXECUÇÃO:

1. leia ou reveja a receita completamente;
2. reúna e organize toda a informação, os ingredientes, os utensílios e os equipamentos;
3. esteja mentalmente pronto.

NA EXECUÇÃO:

1. preaqueça o forno;
2. forre as assadeiras. Todas as vezes que asso um biscoito ou cookie, prefiro forrar com papel-manteiga ou silpat. Eliminamos a necessidade de untar, a assadeira permanece limpa e temos a certeza de que poderemos remover os biscoitos sem dificuldade.

Mise en place do spritz.

Biscoito vegano rápido (com e sem cobertura de gergelim).

AS RECEITAS

Em minhas aulas, muitas vezes adoto a classificação mais utilizada pelos livros de confeitaria para categorizar as massas de biscoitos e cookies: de refrigerador; dispensados com boleador ou boleados à mão; de massa para corte; moldados; por impressão; fatiados ou porcionados; stencil; mangueados; dispensados por extrusão. Mas prefiro ter a liberdade de dividir o conteúdo de receitas sem domínios muito fechados.

A classificação didática por método de dispensa e por modelagem é apenas uma maneira de abordar as massas de biscoitos e cookies. O método pelo qual foi elaborada a massa também pode ser uma classificação plausível – no caso, classificação pelo método cremoso, pelo esponjoso e pelo sablage (ou arenoso). A presença de certos ingredientes (por exemplo, grãos, polvilho) ou a ausência deles (produtos glúten free, sugar free) também pode definir muitas produções. Temos ainda a possibilidade de uma classificação dietética (por exemplo, cookies veganos) ou por nacionalidade (produtos portugueses, italianos etc.), entre outras. Enfim, a coleção de receitas que apresento flui sem doutrinamentos!

Você verá, inclusive, que existem receitas que se encaixam em mais de uma categoria. Divirta-se, experimente e constitua seu próprio repertório!

NESTA CATEGORIA ESTÃO ALGUNS COOKIES muito tradicionais, incluindo o clássico de gotas de chocolate. O conhecido formato de uma bolacha de bordas um tanto irregulares é obtido a partir de bolas feitas manualmente ou com o uso do boleador. Uma mistura equilibrada e manipulada de maneira correta naturalmente se esparrama durante a cocção, resultando no cookie.

O boleador é um utensílio básico para o confeiteiro meticuloso, que preza pela precisão. Com ele são feitos não só os dropped cookies mas também muffins e bolinhos. Ao comprar boleadores, escolha aqueles com gatilhos resistentes e busque a maior variedade possível em tamanhos (identificados pela cor do cabo).

Capacidade dos boleadores conforme a cor do cabo: branco (158 mL ou 10,7 colheres); cinza (118 mL ou 8 colheres); marfim (94,6 mL ou 6,40 colheres); verde (79 mL ou 5,33 colheres); azul (59 mL ou 4 colheres); amarelo (47,3 mL ou 3,2 colheres); vermelho (39,4 mL ou 2,67 colheres); preto (31,5 mL ou 2,13 colheres); violeta (23,7 mL ou 1,6 colher).

COOKIES DISPENSADOS COM BOLEADOR OU BOLEADOS À MÃO

Cookie com gotas de chocolate tradicional (chocolate chip cookie).

Cookie com gotas de chocolate tradicional (chocolate chip cookie)

Minha imaginação sobre o ideal desses cookies é marcada por ambiguidades e até incertezas! Ele é firme em torno das bordas, úmido no centro, com uma textura levemente "borrachuda", de sabor (e aroma) amanteigado-caramelo e com grandes bolsos de chocolate belga derretido. E, claro, com o equilíbrio perfeito entre doce e salgado. Os cookies aqui registrados atingiram essa marca. Para mim.

Ingredientes

Manteiga gelada, em cubos ....240 g
Açúcar ....150 g
Açúcar mascavo ....190 g
Xarope de milho...50 g
Extrato de baunilha .... 1 colher (chá)
Sal .... ½ colher (chá)
Ovos em temperatura ambiente ....130 g
Farinha de trigo comum...480 g
Bicarbonato de sódio.. 1 colher (chá)
Gotas de chocolate ....450 g

Instruções – método cremoso

Bata a manteiga com os açúcares, a baunilha e o sal até obter um creme livre de grumos, limpando a tigela três vezes antes de partir para a próxima adição. Após atingir a consistência de pomada, acrescente os ovos em três adições, sempre em baixa velocidade, até a mistura estar completamente emulsionada. Incorpore as gotas de chocolate e os ingredientes secos peneirados e misture por 1 minuto, em baixa velocidade, até obter uma massa homogênea e as gotas de chocolate estarem bem distribuídas. Não exagere na mistura!

Manipulação e modelagem

Faça o boleamento manualmente ou com a utilização de um boleador e refrigere os cookies por pelo menos 30 minutos antes de assá-los em assadeira forrada. As sobras cruas podem ser embaladas em filme plástico e congeladas imediatamente, por até 30 dias.

Cocção

A 180 °C, por 12 a 14 minutos, dependendo do tamanho das peças, da temperatura do forno e da massa. É possível colocar a massa em uma frigideira que vá ao forno, assar e, então, cortar o biscoito (ainda quente).

Chocolate chip cookie de frigideira.

Cookie com gotas de chocolate 100% integral

Macio e úmido (mas não "molhado"), enriquecido com as gotas de chocolate, estes cookies oferecem 100% de grãos inteiros. Quem poderia pedir alguma coisa mais?

Ingredientes

Manteiga em temperatura ambiente..85 g
Sal .... 1 colher (chá)
Açúcar...70 g
Açúcar mascavo .... 100 g
Mel ....60 g
Extrato de baunilha .... 1 colher (chá)
Bicarbonato de sódio..5 g
Fermento em pó químico ....3 g
Vinagre de maçã.. 1 colher (sopa)
Ovo...1 unidade
Farinha de trigo integral .... 100 g
Farinha de centeio...50 g
Farinha de espelta.. 80 g
Gotas de chocolate ....250 g

Instruções – método cremoso

Faça um creme com a manteiga, o sal, os açúcares, o mel e a baunilha. Adicione o bicarbonato, o fermento, o vinagre, o ovo e misture. Acrescente as farinhas e as gotas de chocolate e misture somente até estarem bem incorporadas.

Manipulação e modelagem

Boleie os cookies e os resfrie por 15 minutos antes de assá-los em assadeira forrada.

Cocção

A 180 °C, por 12 a 14 minutos.

Cookie de chocolate ao azeite de oliva & sal maldon

O tipo de gordura presente na receita afeta a textura do cookie e o carameliza – o que infuencia o sabor e a coloração. Aqui, temos a substituição da manteiga por azeite. Com essa modificação, eliminam-se a fonte animal e seu índice de colesterol. O azeite também acrescenta antioxidantes extras (que ajudam a proteger nossas células) e vitamina E. Os cookies com azeite de oliva têm um sabor claro e original. O aroma frutado de azeite também pode trazer outros sabores e tons, como chocolate, nozes, especiarias e frutas. No entanto, tome cuidado para não deixar o sabor dessa gordura muito exacerbado. Escolha uma variedade suave para biscoitos e cookies mais delicados; para sobremesas ricas e densas (pense em brownies), sinta-se livre para utilizar uma variedade mais intensamente aromatizada. Use sempre uma boa qualidade de azeite e, caso queira intensidade, utilize o extravirgem. A regra empírica é: se você não gosta do sabor para mergulhar o pão ou regar suas saladas, você não gostará dele em seus produtos assados.

Ingredientes

Ovos...3 unidades
Extrato de baunilha .... 1 colher (chá)
Sal maldon[1]...4 g
Açúcar..260 g
Azeite de oliva..125 g
Cacau em pó estilo holandês..75 g
Água fervente...7 g
Bicarbonato de sódio... 1 ½ colher (chá)
Farinha de trigo de baixo glúten ....150 g
Gotas de chocolate amargo ....240 g

Instruções

Bata os ovos, a baunilha, o sal e o açúcar até bem distribuídos. Emulsione com o azeite de oliva, em fio, batendo sem parar. Junte o cacau em pó à agua fervente, misturando-os bem, e então os agregue à mistura sendo batida. Adicione os ingredientes secos restantes peneirados juntos, em duas partes. Acrescente as gotas de chocolate e misture somente até incorporadas.

Manipulação e modelagem

Boleie os cookies e refrigere-os por 1 hora antes de assá-los em assadeira forrada. Deixe espaços de cerca de 10 cm entre eles. Salpique sal maldon ligeiramente. É possível manter a massa congelada (embalada) por até 30 dias.

Cocção

A 180 °C, por 10 a 12 minutos, ou até estarem caramelizados.

---

1   Maldon é, inicialmente, um lugar – uma cidade no condado de Essex, ao leste de Londres. O sal extraído e comercializado como maldon, defumado, é vendido apenas em pequenas caixas, de 125 g ou 250 g, e indicado como sal de mesa. É apresentado em flocos.

Cookie Romeu & Julieta

Desde os tempos coloniais, em que a goiaba substituía o marmelo na elaboração de marmeladas, muitas famílias elaboram uma pasta à base da fruta e de açúcar – a nossa goiabada. Há alimentos que, separados, são deliciosos, mas que juntos atingem um *status* único. No caso de nosso Romeu & Julieta, como na obra de Shakespeare, temos a complementaridade e o equilíbrio de amor perfeito entre o doce e o salgado, o pastoso e o borrachudo. Escolha uma goiabada cascão de boa qualidade e seu queijo favorito, mas que suporte cocção sem derreter ou se esvair em soro! A receita sugere cream cheese... mas sinta-se livre para achar seu Romeu. Ou sua Julieta!

Ingredientes

Manteiga derretida e em temperatura ambiente......................................220 g
Açúcar ....160 g
Sal ....½ colher (chá)
Extrato de baunilha ....1 colher (chá)
Ovos..2 unidades
Farinha de trigo de baixo glúten ....430 g
Fermento em pó químico ....4 g
Bicarbonato de sódio..6 g
Goiabada picada ....200 g
Cream cheese...130 g

Instruções – método cremoso

Faça um creme com a manteiga, o açúcar, o sal e a baunilha, em velocidade baixa. Acrescente os ovos, em três adições. Adicione os ingredientes secos, misturando até bem distribuídos. Acrescente a goiabada e o cream cheese em porções proporcionais. Apenas misture delicadamente, para não romper a estrutura das adições.

Manipulação e modelagem

Boleie os cookies no tamanho desejado e os refrigere antes de assá-los em assadeira forrada. Se assar os cookies ainda congelados, adicione 2 minutos no tempo de forno.

Cocção

A 170 °C, por 14 a 15 minutos, até obterem coloração dourada, castanho-clara.

Cookie Romeu & Julieta.

COBRIR OU REVESTIR OS BISCOITOS com um ou outro tipo de açúcar extrai a umidade de sua superfície, promovendo rachaduras (crinkles) e secando suas partes superiores antes de as interiores estarem ajustadas. Mas o açúcar granulado faz mais eficientemente esse trabalho, em razão de sua estrutura grossa e cristalina. Enquanto os cristais absorvem a umidade (mas não toda), o açúcar se dissolve em um xarope. A cocção avança, a umidade se evapora, e o açúcar começa a se recristalizar, formando o cookie craquelado.

Biscoito de chocolate craquelado

Um cookie de aparência muito atraente e com o ingrediente predileto dos devotos do cacau: garantia de sucesso.

Ingredientes

Manteiga em temperatura ambiente..60 g
Chocolate 54%...120 g
Ovos...3 unidades
Sal .... ½ colher (chá)
Café solúvel .... 1 colher (chá)
Açúcar mascavo ....270 g
Farinha de trigo de baixo glúten ....150 g
Cacau em pó estilo holandês...45 g
Bicarbonato de sódio.. ¼ de colher (chá)
Fermento em pó químico .... ¼ de colher (chá)
Açúcar, para recobrir ....q.b.
Açúcar impalpável, para recobrir ....q.b.

Instruções

Derreta a manteiga e o chocolate juntos, em micro-ondas, cuidadosamente, em intervalos de 30 segundos. Reserve. Bata os ovos, o sal, o café solúvel e o açúcar mascavo em batedeira (com a raquete) em velocidade média, por 2 minutos. Adicione a mistura de chocolate e manteiga, continue batendo, e acrescente os ingredientes secos peneirados, juntos, prosseguindo até obter uma massa homogênea. Leve para refrigerar por 30 minutos. Separe duas tigelas grandes o suficiente para enrolar os biscoitos: uma, com açúcar; outra, com açúcar impalpável peneirado.

Manipulação e modelagem

Boleie os biscoitos em tamanhos pequenos diretamente na tigela de açúcar e os cubra por completo. Transfira-os para a tigela de açúcar impalpável e mais uma vez os cubra, completa e fartamente. Disponha-os em assadeira forrada e asse-os imediatamente.

Cocção

A 165 °C, por cerca de 12 minutos, ou até que estejam levemente inflados, com as bordas firmes e o centro ainda macio (os biscoitos terão aparência de "crus").

Biscoito de chocolate craquelado.

Crinkle de limão-siciliano

Outra maneira de provocar rachaduras é a utilização de um sal, como o ácido cítrico. Em razão de sua textura frágil e seca, biscoitos podem durar muito mais tempo do que outros alimentos. Os industrializados contêm conservantes que os impedem de envelhecer enquanto estão nas prateleiras, mas podemos fazer biscoitos com conservantes naturais que os mantenham frescos e saborosos. E uma opção é justamente o ácido cítrico, ou "sal azedo". Trata-se de um ácido orgânico fraco, naturalmente encontrado em frutas cítricas. Na confeitaria, sua maior aplicação está na substituição do vinagre ou do suco de limão para incrementar o sabor azedo/cítrico. Apenas substitua uma parte do suco ou das raspas de limão, adicionando o ácido cítrico em qualquer momento.

Ingredientes

Manteiga fria, em cubos	280 g
Açúcar	420 g
Sal	1 colher (chá)
Raspas de limão-siciliano	1 unidade
Ovos	4 unidades
Suco de limão-siciliano	50 g
Farinha de trigo de baixo glúten	550 g
Ácido cítrico	1 colher (chá)
Açúcar cristal flavorizado com raspas de ½ limão-siciliano, para recobrir	q.b.
Açúcar impalpável ou açúcar gelado	q.b.

Instruções – método cremoso

Faça um creme com a manteiga e o açúcar. Adicione o sal e as raspas de limão e misture bem, limpando a tigela para certificar-se de que tudo esteja bem distribuído. Agregue os ovos um a um e continue misturando até bem incorporados, limpando a tigela com uma espátula várias vezes, até que esteja totalmente livre de grumos. Acrescente o suco de limão e prossiga, sempre em velocidade baixa, Adicione a farinha peneirada com o ácido citrico e misture, sempre em velocidade baixa, até obter uma massa cremosa. Refrigere por 4 horas.

Manipulação e modelagem

Boleie e dispense os biscoitos sobre açúcar cristal flavorizado, envolvendo-os até que estejam completamente cobertos. Disponha-os em assadeira forrada e achate-os, com a palma da mão, ligeiramente.

Cocção

A 165 °C, por 12 minutos, ou até que estejam dourados.

Finalização

Retire os biscoitos do forno e cubra-os imediatamente com açúcar impalpável ou açúcar gelado.

Snickerdoodle

Conheci esse biscoito em Calistoga, na Califórnia. Tentei averiguar a origem do nome, mas, diante da incongruência de informações, resolvi não perder nosso tempo com palavras. Os snickerdoodles se caracterizam por uma superfície rachada e podem ser crocantes ou mastigáveis e macios, dependendo dos ingredientes e do método de preparação utilizados. Esta receita leva cremor de tártaro, que confere duas qualidades aos biscoitos: a assinatura "azedinha" e a mastigação perfeita, obtidas em razão de sua composição química, que impede o cookie de desenvolver a crosta típica dos cookies enrolados em açúcar. Em vez disso, aqui temos uma textura macia como um travesseiro.

Ingredientes

Açúcar	100 g
Açúcar mascavo	240 g
Beurre noisette em temperatura ambiente	240 g
Ovos	2 unidades
Extrato de baunilha	1 colher (chá)
Sal	½ colher (chá)
Farinha de trigo comum	330 g
Bicarbonato de sódio	1 colher (chá)
Cremor de tártaro	2 colheres (chá)
Canela	½ colher (chá)
Noz-moscada, ralada	¼ colher (chá)
Açúcar com canela, para enrolar	q.b.

Instruções – método cremoso

Bata os açúcares e a noisette até obter uma pasta, sem exagerar no processo. Adicione os ovos, a baunilha e o sal até bem misturados. Acrescente os ingredientes secos peneirados e misture (sem sovar).

Manipulação e modelagem

Resfrie a massa por 30 minutos ou até que esteja manipulável. Boleie em tamanho pequeno e role no açúcar com canela. Refrigere por 15 minutos antes da cocção ou congele por até 15 dias (neste caso, acomode os biscoitos enrolados no açúcar com canela em sacos plásticos e seja generoso com a quantidade, pois quando prontos para assar deverão estar bem cobertos).

Cocção

A 170 °C, por cerca de 14 minutos.

Gingersnaps

Gingersnaps...o biscoito com o calor ardente de mil sóis! Não se intimide com minha visão poética desse velho favorito, mas o que esperar de um produto cujo nome se inicia com "ginger" ("gengibre")? O biscoito deve começar acolhedor e morno, gradualmente aguçando seus sentidos até que pelo menos uma sobrancelha seja erguida durante a degustação. E não vamos esquecer a crocância ressoando nos ouvidos a cada mordida. Gingersnaps devem ser pequenos o suficiente para serem comidos aos punhados – nunca grandes ou grossos. Picantes, crocantes e saudáveis!

Ingredientes

Manteiga fria, em cubos	240 g
Melaço de cana	¼ de xícara
Açúcar mascavo	½ xícara
Sal	1 colher (chá)
Gengibre fresco, ralado	1 colher (sopa)
Açúcar	½ xícara
Ovo	1 unidade
Bicarbonato de sódio	2 colheres (chá)
Fermento em pó químico	1 colher (chá)
Gengibre em pó	1 colher (sopa)
Canela em pó	1 colher (chá)
Allspice	1 colher (chá)
Pimenta-do-reino em pó	½ colher (chá)
Farinha de trigo comum	2 ½ xícaras
Gengibre cristalizado, picado	50 g
Açúcar cristal, para rolar	q.b.

Instruções – método cremoso

Faça um creme com a manteiga, o melaço de cana e o açúcar mascavo. Adicione o sal e o gengibre ralado e misture bem. Adicione o açúcar e misture por mais 1 minuto, limpando a tigela para certificar-se de que tudo esteja bem distribuído. Agregue o ovo e misture bem. Adicione os demais ingredientes secos, peneirados.

Manipulação e modelagem

"Forre" uma assadeira com açúcar cristal e dispense sobre ele os biscoitos boleados. Refrigere-os por 15 minutos. Transfira os biscoitos para uma assadeira forrada com silpat, deixando um espaço de 3 cm entre eles, pois se espalham.

Cocção

A 165 °C, por cerca de 15 minutos, ou até que os biscoitos estejam firmes.

Gingersnaps.

MUITOS TIPOS DE COOKIES podem ser feitos com a massa de um icebox. Por exemplo, adicione à massa recém-elaborada raspas de frutas cítricas, frutas secas picadas, gotas de chocolate, especiarias, essências, óleos ou extratos, cacau em pó, conhaque. Feito então o cilindro de massa, pincele-o. Se quiser, pode vesti-lo com açúcar cristal, nuts, café... Então, corte-o para obter os cookies e leve-os para assar. A massa crua pode ser mantida em refrigerador por até 3 dias ou congelada, bem embalada, por até 30 dias.

COOKIES DE REFRIGERADOR (ICEBOX COOKIES)

Icebox cookie de café & pistacho

Esta receita é perfeita para o confeiteiro apresentar em um evento inesperado! Simples no preparo, mas com ingredientes de personalidade que conferem ao cookie, além do sabor delicioso, um perfil elegante.

Ingredientes

Manteiga em temperatura ambiente, em cubos....................................270 g
Açúcar de confeiteiro, peneirado ....115 g
Café solúvel .... 1 colher (sopa)
Extrato de baunilha .... 1 colher (chá)
Gema...1 unidade
Gotas de chocolate meio amargo ....150 g
Pistacho, torrado e picado ....120 g
Farinha de trigo de baixo glúten ....300 g
Eggwash, para pincelar.. 1 unidade

Instruções – método cremoso

Coloque a manteiga em temperatura ambiente na tigela da batedeira e deixe resfriar por 10 minutos. Adicione o açúcar, o café e a baunilha e bata (com a raquete) apenas até obter uma pasta homogênea, sem adicionar ar. Quando limpar a tigela pela terceira vez e não houver mais grumos, acrescente a gema, as gotas de chocolate e o pistacho. Por último incorpore a farinha e misture até obter uma massa bem incorporada (sem sovar).

Manipulação e modelagem

Forme um cilindro coeso, com cerca de 7 cm de diâmetro, embale-o com filme plástico e refrigere-o por pelo menos 1 hora antes de dar continudade ao processo. Caso vá utilizar a massa em até 2 dias, mantenha sob refrigeração, ou congele-a para um uso posterior. Corte em fatias de 3 cm a 4 cm de espessura ou de acordo com sua preferência. Faça o eggwash com 1 ovo + 1 colher (sopa) de água, bem batidos, e pincele ligeiramente os cookies. Para um biscoito fino e de melhor apresentação, asse em forminhas para muffin levemente pulverizadas ou untadas.

Cocção

A 170 °C, por 8 a 10 minutos.

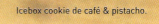
Icebox cookie de café & pistacho.

Icebox cookie de laranja

Esta fórmula conta com o tom cítrico da laranja para aumentar a pungência da gratificação instantânea proporcionada pelo icebox – o biscoito caracterizado pela praticidade.

Ingredientes

Manteiga em temperatura ambiente..250 g
Açúcar ....125 g
Açúcar impalpável, peneirado ....125 g
Raspas de laranja.. 1 colher (sopa)
Sal .... 1 colher (chá)
Ovo...1 unidade
Farinha de trigo comum..360 g

Instruções – método cremoso

Bata a manteiga, os açúcares, as raspas e o sal e misture até obter uma consistência cremosa e sem grumos, limpando a tigela constantemente com uma espátula. Agregue o ovo e misture bem, limpando a tigela. Adicione a farinha de trigo peneirada e misture por 1 minuto, ou até não encontrar vestígios de farinha. Não misture demais. Divida a massa em 2 rolos de cerca de 8 cm de diâmetro, envolvendo-os com filme plástico. Refrigere por pelo menos 2 horas e por até 3 dias. Se desejar, pincele com claras e role o cilindro em amêndoas finamente picadas, cerejas secas, gengibre, laranja glaceada, damascos, ou açúcar, ou simplesmente o deixe puro. Caso esteja preparando a massa para fazer um cookie xadrez, forme 4 rolos e aplaine-os suavemente, para simplificar o trabalho posterior de sobreposição com a massa de chocolate (ver página 145).

Cocção

Em assadeira forrada, a 170 °C, por cerca de 12 a 14 minutos, ou até as bordas estarem caramelizadas. Após os biscoitos esfriarem, mantenha-os em recipiente hermético.

Icebox cookie de chocolate

Sem gotas de chocolate, mas com o sabor marcante do cacau em pó holandês, esta massa básica faz a parceria perfeita com a massa de laranja na elaboração de um biscoito xadrez. Também pode ser singelamente finalizada com linhas decorativas de chocolate ou mesmo com açúcar impalpável.

Ingredientes

Manteiga em temperatura ambiente, em cubos......175 g
Açúcar......190 g
Sal......¼ de colher (chá)
Extrato de baunilha......1 colher (chá)
Ovos......100 g
Farinha de trigo comum......170 g
Farinha de trigo para pão......150 g
Cacau em pó estilo holandês......45 g
Bicarbonato de sódio......½ colher (chá)

Instruções – método cremoso

Bata a manteiga em velocidade baixa até que forme uma pasta (cerca de 1 minuto). Adicione o açúcar, o sal e a baunilha. Limpe a tigela para assegurar que a manteiga e o açúcar estejam misturados e livres de caroços. Adicione os ovos um a um, misturando antes da incorporação seguinte. Acrescente os ingredientes secos peneirados, apenas até formar uma massa. Faça rolos, envolva-os em filme plástico e deixe-os em refrigerador por no mínimo 2 horas e no máximo 3 dias.

Cocção

Em assadeira forrada, a 170 °C, por 8 minutos, ou até que as bordas estejam caramelizadas.

Finalização

Você pode pulverizar os cookies com açúcar impalpável ou banhá-los em chocolate derretido (totalmente ou pela metade).

Biscoito xadrez (checkerboard cookie)

Montagem

Use as massas de laranja e de chocolate diretamente da geladeira. Abra cada massa separadamente sobre superfície levemente enfarinhada, com a mesma espessura. Corte as massas em tiras, pincele-as com ovo batido e sobreponha 4 tiras em camadas, formando um bloco. Esfrie esse bloco em refrigerador, envolto em filme plástico. Repita a operação, formando um outro bloco com 4 tiras. Deixe as extremidades retas com a ajuda da faca. Abra a sobra da massa (tanto faz de chocolate ou de laranja) em espessura fina, pincele-a e enrole-a em torno do bloco completo montado (também pincelado). Refrigere a peça coberta por 1 hora e corte-a em biscoitos com 5 cm de espessura (ou outra que deseje).

Cocção

A 170 °C, por cerca de 13 a 15 minutos, em assadeira forrada.

Finalização

Mergulhe em chocolate se desejar, ou cubra com açúcar impalpável peneirado, ou faça sanduíche com geleia de frutas, ganache ou creme de manteiga.

Xadrez obtido com as massas de chocolate e de laranja.

Montagem do biscoito xadrez.

TRADUZIDO AO PÉ DA LETRA, SHORTBREAD SIGNIFICA "PÃO CURTO".
Como expressão, "comer às pequenas"; um alimento que envolve pouca mastigação. Os produtos sob a nomenclatura "short" ("curto") correspondem a "misturas curtas", de cadeias de glúten curtas – que foram encurtadas ou encapadas pela gordura e que, por isso, oferecem uma mastigação também curta, delicada e fácil. São do tipo que derrete na boca sem esforço.

O shortbread vem sendo produzido pelo menos desde o século XV. Não acredito que os padeiros do século XV conhecessem a química subjacente do glúten, mas certamente reconheciam os efeitos dos ingredientes que utilizavam, bem como os efeitos de certas maneiras de manipulá-los. Assim, parece que a química do encurtamento e a nomenclatura são simplesmente uma expressão que traduz a textura e a característica físico-química desta preparação!

O original, escocês, pode ser elaborado com uma proporção de manteiga, farinha e açúcar estabelecida: 1-2-3, sendo 1 parte de açúcar, 2 de manteiga e 3 de farinha, mas isso é negociável. Você pode reduzir ou aumentar essas quantidades, bem como a do açúcar e a do sal, e misturar qualquer tipo de condimento: raspas de cítricos, baunilha, ervas, especiarias. É possível alterar o tipo de farinha: a adição de um pouco da farinha de arroz produz uma textura crocante; farinha de milho faz uma textura esfarinhenta. Apenas tenha cautela com a adição de líquido à massa, o que interfere na textura final.

SHORTBREADS

Shortbread básico

A receita clássica: poucos ingredientes, muita técnica, resultado irresistível.

Ingredientes

Farinha de trigo de baixo glúten .... 300 g
Manteiga fria, em cubos .... 200 g
Açúcar .... 100 g
Sal .... ½ colher (chá)
Raspas de limão .... 1 colher (chá)

Instruções – método sablage

Meu equipamento favorito para a elaboração de shortbread é o processador de alimentos. Na função pulsar, coloque todos os ingredientes até obter um sablage firme. Essa massa não pode ser sovada; apenas se certifique de que está bem combinada. Refrigere-a por pelo menos 2 horas antes de utilizar.

Manipulação e modelagem

O shortbread escocês é tradicionalmente formado em três modelos: um círculo grande que é dividido em segmentos assim que retirado do forno, biscoitos de forma arredondada, ou uma placa oblonga cortada em retângulos longos. Não se esqueça de perfurar a massa do biscoito em toda a sua extensão com o auxílio de um garfo ou de um furador de massa. Além de seu efeito decorativo, os pequenos orifícios permitem que o ar e o calor circulem melhor e mais rapidamente.

Cocção

A 150 °C, por 15 minutos, ou até que estejam secos. A massa firme retém a forma durante o cozimento. O shortbread é assado a uma temperatura baixa para evitar o escurecimento, apresentando-se pálido ou marrom pouco dourado, sem coloração. Esse passo faz um biscoito que derrete na boca e mantém uma excelente qualidade por várias semanas.

Shortbread de blue cheese

Queijo azul ou blue cheese é uma classificação geral dos queijos que tiveram culturas de *Penicillium* adicionadas, proporcionando um produto com manchas azuis, esverdeadas e acinzentadas. Esse queijo carrega um cheiro distinto e tende a ser intenso e salgado. Este biscoito pungente e delicado faz sucesso em uma mesa de petiscos!

Ingredientes

Manteiga em temperatura ambiente..220 g
Açúcar ....2 colheres (sopa)
Sal .... ½ colher (chá)
Gemas..2 unidades
Farinha de trigo ....2 xícaras
Pimenta caiena.. ½ colher (chá)
Blue cheese, esmigalhado...200 g

Instruções – método cremoso

Faça um creme com a manteiga, o açúcar e o sal, limpando a tigela ocasionalmente, até a mistura estar livre de grumos. Adicione as gemas e misture para incorporar. Acrescente a farinha e a pimenta e misture até começar a obter uma massa, agregando o blue cheese delicadamente.

Manipulação e modelagem

Modele a gosto, com cortadores e carretilhas. Refrigere antes da cocção (em assadeira forrada) ao menos 30 minutos.

Cocção

A 150 °C, por cerca de 15 minutos, ou até que estejam firmes no centro, mas sem coloração.

Shortbread de parmigiano & cebolinha

O nome parmesão (ou parmigiano) é utilizado genericamente para os queijos elaborados na Itália apenas, mas fora das áreas regulamentadas de produção de queijos firmes. O sabor salgado é suavizado por notas frutadas/amendoadas, pungentes, e sua textura ligeiramente granulosa outorga uma característica única a esses biscoitos.

Ingredientes

Açúcar..75 g
Farinha de trigo de baixo glúten ....500 g
Parmesão, ralado..200 g
Flor de sal.. 1 colher (chá)
Manteiga gelada, em cubos..350 g
Claras..2 unidades
Pimenta calabresa.. 1 colher (chá)
Cebolinha, picada ....2 colheres (sopa)
Eggwash, para pincelar.. 1 unidade

Instruções – método sablage

No processador, misture o açúcar, a farinha, o parmesão, o sal e a manteiga até obter uma farofa em que toda a manteiga apresente grânulos de mesmo tamanho. Adicione as claras, a pimenta e a cebolinha e pulse somente até tudo estar incorporado. Faça um retângulo com a massa, embale em filme plástico e refrigere por 8 horas.

Manipulação e modelagem

Em superfície ligeiramente enfarinhada, abra a massa em um retângulo com espessura de 1,5 cm e corte-o com uma carretilha. Faça o eggwash com 1 ovo + 1 colher (sopa) de água, bem batidos. Pincele e pulverize com flor de sal.

Cocção

A 150 °C, por cerca de 15 minutos, ou até estarem firmes no centro, mas sem muita coloração.

Shortbread de parmigiano & cebolinha.

ESTES BISCOITOS SÃO DISPENSADOS OU PRESSIONADOS em uma assadeira (às vezes em várias camadas) e cortados em pedaços, antes ou após a cocção, em formas quadradas (brownies) e alongadas (biscotti), entre outras (losango, por exemplo).

BISCOITOS FATIADOS OU PORCIONADOS

Cantucci de amêndoas e café

Biscotti é um termo genérico na Itália e se refere a qualquer tipo de biscoito crocante (redondo, quadrado etc.). O termo "biscotto" deriva de "bis" ("duas vezes", em latim) e "coctum" ("cozido", que virou "cotto"). Originalmente, era alimento de longa vida útil, transportado pelas legiões romanas e conveniente para viajantes. Sem fermento, essas massas eram primeiro assadas para a cocção e, depois, levadas ao forno uma segunda vez, para secar. A textura torna o produto perfeito para ser molhado no vinho! Em muitas regiões da Itália, esses biscoitos são chamados de cantucci. Mas, diferentemente do biscotti, o preparo não exige duas etapas de forno para obtermos um biscoito seco.

Ingredientes

Manteiga em temperatura ambiente	160 g
Açúcar	180 g
Sal	1 colher (chá)
Extrato de café	2 colheres (chá)
Extrato de baunilha	1 colher (chá)
Café solúvel	1 colher (sopa)
Ovos	2 unidades
Farinha de trigo de baixo glúten	420 g
Farinha de amêndoa	40 g
Amêndoas inteiras	70 g

Instruções – método cremoso

Bata a manteiga, o açúcar, o sal, os extratos e o café solúvel apenas até que grumos não estejam visíveis. Não bata intensamente. Adicione os ovos e limpe a tigela da batedeira duas vezes durante a mistura, para incorporar os ingredientes adequadamente. Peneire os ingredientes secos e adicione-os ao creme. Acrescente as amêndoas inteiras e misture apenas com a espátula. Refrigere por 30 minutos, até a massa ficar firme e mais fácil de lidar.

Manipulação e modelagem

Faça 2 troncos com a massa e coloque-os em assadeira forrada, com espaço entre eles para permitir a propagação.

Cocção

A 160 °C, por cerca de 20 a 25 minutos, ou até que estejam firmes no centro.

Finalização

Deixe o produto descansar até ficar em temperatura ambiente e fatie-o na diagonal. Caso o biscoito comece a esfarelar, deixe o produto resfriar ou congele-o antes de cortá-lo com uma faca de serra, cuidadosamente. Coloque os pedaços em assadeira e deixe secar por cerca de 10 minutos em local com boa ventilação. Se desejar, finalize mergulhando as bordas em chocolate. Mantenha em recipiente hermético. O biscoito, quando recém-assado, pode ser empacotado, mantido no freezer por até 30 dias e fatiado depois de descongelado.

Brownie extravagante de chocolate

Best-seller ao redor do globo, o brownie pode ser classificado em dois tipos principais: o de estilo bolo (de textura mais fofa e seca, com migalhas miúdas) e o brownie de estilo extravagante (de textura mais densa e úmida, com migalhas maiores). Esta receita reúne as características dos dois tipos: a manteiga derretida dá a textura extravagante, e o cacau em pó lhe imprime um sabor intenso. Para uma versão glúten free, substitua a farinha de trigo pela de espelta, que outorga o sabor e o aroma de grão integral. O sucesso será o mesmo.

BROWNIE – ingredientes

Ovos	4 unidades
Açúcar	170 g
Açúcar mascavo	150 g
Extrato de baunilha	1 colher (sopa)
Sal	½ colher (chá)
Manteiga derretida e em temperatura ambiente	200 g
Cacau em pó estilo holandês	110 g
Farinha de trigo comum	65 g
Bicarbonato de sódio	½ colher (chá)
Nozes, picadas (opcional)	100 g

Instruções – método esponjoso modificado

Em batedeira (com o globo), faça uma esponja leve com os ovos, os açúcares, a baunilha e o sal, até que esteja levemente pálida. Agregue a manteiga já esfriada, em fio, emulsionando, em velocidade média. Incorpore os secos peneirados e bata em velocidade média por 1 minuto. A massa terá a textura de um mousse. Acrescente as nozes picadas (opcional).

Manipulação e modelagem

Despeje a massa em assadeira forrada.

Cocção

A 160 °C, por 20 minutos, ou até que as bordas estejam firmes, e o centro, levemente úmido. Deixe esfriar antes de colocar a cobertura.

COBERTURA – ingredientes

Chocolate 56%	220 g
Creme de leite fresco	170 g
Xarope de milho	30 g
Manteiga em temperatura ambiente	25 g

Instruções

Derreta o chocolate, cuidadosamente. Ferva o creme de leite e despeje-o sobre o chocolate derretido. Adicione a manteiga e o xarope, misturando até obter uma pasta brilhante. Deixe esfriar à temperatura ambiente e verta sobre o brownie. Decore com nozes picadas. Mantenha refrigerado.

Cantucci de amêndoas e café.

Biscoito dos milionários.

Biscoito dos milionários

Este clássico britânico é um biscoito composto por uma massa crocante de shortbread coberta com um caramelo mastigável (que funciona como recheio) e com chocolate ao leite brilhante. É elaborado em fases.

BASE: SHORTBREAD 1, 2, 3 – ingredientes

Açúcar ....60 g
Manteiga gelada, em cubos ....120 g
Farinha de trigo de baixo glúten ....180 g

Instruções – método cremoso

Faça um creme com o açúcar e a manteiga até obter uma pasta sem pedaços de manteiga, mas não aerada. Adicione a farinha de trigo peneirada, em duas adições. Caso a mistura esteja muito firme, use a mão para pressionar os ingredientes juntos; sove levemente até ficar homogênea.

Manipulação e modelagem

Pressione uniformemente a massa sobre uma forma retangular ou quadrada, untada com manteiga.

A espessura deve ser de cerca de 1,5 cm, uma vez que o ideal é que as camadas do biscoito tenham a mesma altura, exceto pelo chocolate da cobertura (que pode ter a metade da espessura). Biscoitos finalizados muito grossos são difíceis de morder, pois o caramelo endurece bastante. Refrigere por 15 minutos antes da cocção.

Cocção

A 160 °C, por 20 minutos, até ficar com um dourado intenso.

RECHEIO DE CARAMELO – ingredientes

Leite condensado ....1 lata
Açúcar ....½ xícara
Xarope de milho..3 colheres (sopa)
Manteiga ....125 g

Instruções

Leve todos os ingredientes ao fogo baixo, em uma panela de fundo grosso, mexendo sem parar com uma espátula até a manteiga estar derretida e o açúcar, dissolvido. Continue mexendo, aumente o fogo e, quando a mistura ferver, abaixe o fogo novamente. Deixe ferver, mexendo constantemente, por cerca de 15 minutos, ou até dourar. Despeje a mistura de caramelo quente sobre a base de shortbread já fria.

COBERTURA DE CHOCOLATE – ingredientes

Chocolate meio amargo ....90 g
Manteiga em temperatura ambiente...30 g

Instruções

Só inicie a cobertura quando o caramelo estiver em temperatura ambiente. Não refrigere o biscoito, pois a cobertura não deslizará o suficiente.
Derreta o chocolate e a manteiga amolecida em banho-maria, cuidadosamente.

Finalização e montagem

Despeje e espalhe a mistura de chocolate sobre o caramelo já firme e em temperatura ambiente. Leve ao refrigerador até firmar. Corte como desejar: em círculos, quadrados, retângulos, triângulos... (Lá em casa, meus quadradinhos dos milionários já prontos ficam em uma embalagem plástica no refrigerador, e os aqueço 8 segundos antes de comer: divinos!)

Montagem do biscoito dos milionários.

UM GRÃO É CONSIDERADO INTEGRAL quando todas as suas partes originais – casca (farelo), germe e endosperma – estão presentes na proporção original do grão cultivado. Já grão refinado se refere àquele no qual estão uma ou duas partes do grão originalmente colhido. Na farinha de trigo e na farinha de arroz, por exemplo, temos grãos refinados, porque ambos tiveram o farelo e o germe removidos, deixando-os com apenas o endosperma (amido).

Os integrais fazem sucesso pelos benefícios que proporcionam ao nosso organismo. O farelo mantém a constância do açúcar no sangue, evitando picos que podem ser danosos. Também ajuda a reduzir o colesterol, a mover resíduos pelo trato digestivo e a prevenir a formação de pequenos coágulos capazes de levar a ataques cardíacos ou acidentes vasculares cerebrais. Fitoquímicos e minerais essenciais, como magnésio, selênio e cobre, encontrados em grãos inteiros, podem proteger contra alguns tipos de câncer.

GLÚTEN & GRÃOS

Dieta livre de glúten e dieta de grãos são duas ideias completamente diferentes. O glúten consiste em uma mistura de duas proteínas encontradas na cevada, no centeio, no trigo e no triticale (um híbrido de trigo e centeio). Como é elástico e coesivo, o glúten permite que a massa de pão cresça e lhe confere crocância, leveza e aroma. Entretanto, algumas pessoas podem ter problemas para digerir proteínas complexas do glúten. Estima-se que 1% da população seja celíaca, não tolerando a menor quantidade de glúten. Um outro grupo, pequeno, pode ser sensível ao glúten sem, no entanto, ter a doença celíaca. O restante – entre 93% a 98% – das pessoas na Terra não tem motivo para evitar o glúten, não importa o que sites e até celebridades possam reivindicar.

Dito isto, há boas notícias se você está seguindo uma dieta sem glúten e ainda deseja os benefícios para a saúde e o bom gosto de grãos inteiros: a maioria dos grãos não contém glúten.

GRÃOS & SEMENTES ANCIÃOS

Não existe uma definição oficial sobre a classificação de grãos antigos ou anciãos, afinal a maioria dos grãos tem suas raízes no início dos tempos. A Oldways Whole Grains Council, dos Estados Unidos, postula que geralmente se podem definir grãos antigos como grãos e sementes os quais não sofreram mutações durante os últimos anos ou séculos. Isso quer dizer que o trigo contemporâneo (constantemente modificado) não seria um grão anção; já o farro e a espelta, da mesma família do trigo, podem ser considerados antigos. Outros grãos ignorados até recentemente, como quinoa, sorgo, teff, millet e amaranto, também são considerados anciãos.

BISCOITOS INTEGRAIS, DE FARINHAS ALTERNATIVAS E GLÚTEN FREE

Grãos integrais presentes na foto: espelta em grão, aveia integral, germe de trigo, trigo mourisco, farinha de centeio, quinoa, trigo integral, farinha de trigo integral, casca de trigo (bran), amaranto.

Morning glory cookie

Totalmente integral, tem textura similar à de um bolinho, tanto que é assado em fôrmas de muffin com cerca de 30 g de massa apenas.

Ingredientes

Farinha de trigo integral	170 g
Farinha de espelta	80 g
Farinha de amaranto	55 g
Fermento em pó químico	1 colher (chá)
Bicarbonato de sódio	½ colher (chá)
Sal	5 g
Canela em pó	1 colher (chá)
Gengibre fresco, ralado	1 colher (chá)
Óleo de coco	120 g
Manteiga em temperatura ambiente	50 g
Açúcar mascavo	160 g
Ovos	2 unidades
Extrato de baunilha	1 colher (chá)
Cenoura, ralada	125 g
Maçã, ralada com casca	125 g
Coco, ralado (de preferência fresco)	60 g
Cardamomo em pó	1 colher (chá)
Nozes, picadas	70 g
Mel	50 g
Uvas passas	50 g

Instruções – método cremoso (modificado)

Em uma tigela pequena, misture as três farinhas, o fermento em pó, o bicarbonato de sódio, o sal, a canela e o gengibre. Em outro recipiente, grande, bata o óleo de coco, a manteiga e o açúcar mascavo até a mistura ficar pálida e cremosa. Adicione os ovos um de cada vez, batendo até ficar homogêneo e raspando o fundo e as laterais da tigela depois da adição de cada um; em seguida, introduza a baunilha. Misture a cenoura, a maçã, o coco, o cardamomo e as nozes; depois, o mel e a uva passa só até serem uniformemente incorporados.

Manipulação e modelagem
Boleie e disponha os cookies nas fôrmas de muffin.

Cocção
A 170 °C, por 14 a 16 minutos, ou até que os biscoitos fiquem firmes no centro. Asse bem, porque essa receita contém bastante umidade e muitos ingredientes.

Morning glory cookie.

My favorite oatmeal cookie

A presença, aqui, da farinha comum não tira o caráter de integral deste meu biscoito favorito. O trigo e a aveia se combinam para fazer um cookie nutritivo, saboroso e de textura única. Para um produto com uma aparência encorpada, use aveia em flocos. Para um cookie mais liso, utilize a farinha de aveia ou passe a aveia em flocos no processador.

Ingredientes

Manteiga gelada, em cubos ....240 g
Açúcar ....150 g
Açúcar mascavo ....150 g
Extrato de baunilha .... 1 colher (chá)
Sal .... ½ colher (chá)
Aveia em flocos ....280 g
Ovos ....2 unidades
Farinha de trigo comum .... 200 g
Farinha de trigo integral ....55 g
Farinha de linhaça ....2 colheres (sopa)
Bicarbonato de sódio .... 1 colher (chá)
Fermento em pó químico .... ½ colher (chá)
Uvas passas ....100 g
Nozes, picadas ....80 g

Instruções – método cremoso

Faça um creme com a manteiga e os açúcares. Limpe a tigela várias vezes, para dissipar os grumos. Adicione a baunilha, o sal e a aveia, misturando bem. Adicione os ovos e prossiga, até emulsificar. Junte os secos peneirados e misture por 1 minuto. Acrescente uvas passas e as nozes, sempre em velocidade baixa.

Manipulação e modelagem

Boleie e dispense os cookies em assadeira forrada. Refrigere por 15 minutos antes da cocção.

A massa pode ser envolvida por filme plástico e mantida congelada por até 30 dias. Nesse caso, não é necessário descongelar para assar. Antes de colocar no forno, pressione o cookie, esparramando-o e deixando-o plano.

Cocção

A 170 °C, por 12 minutos. Esse cookie tende a se elevar no centro, então delicadamente o desinfle, com o auxílio de um copo, para que fique nivelado. Termine de assar por mais 3 a 5 minutos, ou até o cookie ficar com um dourado médio.

My favorite oatmeal cookie.

Brownie de tahine (glúten free)

Tahine é um condimento elaborado a partir de gergelim tostado ou cru, muito utilizado na cozinha mediterrânea. A combinação entre tahine e chocolate é complexa, e você descobrirá que casam muito bem! A presença da farinha de coco confere uma textura singular ao produto final.

Ingredientes

Chocolate 56% .... 200 g
Manteiga em temperatura ambiente, em cubos .... 90 g
Ovos .... 5 unidades
Açúcar .... 330 g
Extrato de baunilha .... 1 colher (chá)
Tahine .... 245 g
Farinha glúten free de sua escolha .... 85 g
Cacau em pó estilo holandês .... 2 colheres (sopa)

Instruções

Derreta o chocolate e a manteiga e os reserve. Bata os ovos, o açúcar e a baunilha. Adicione o tahine e emulsifique. Reserve ¼ de xícara dessa mistura. Adicione a farinha e o cacau peneirados juntos e misture-os. Adicione a mistura de chocolate ao creme previamente batido até homogeneizar.

Manipulação e modelagem

Despeje a massa em uma assadeira untada e polvilhada e deposite a mistura de tahine reservada, às colheradas, ao longo da massa. Com um palito, faça desenhos misturando as duas massas decorativamente.

Cocção

A 170 °C, por 25 a 30 minutos, até que as bordas se levantem, mas o centro ainda tenha umidade (embora não esteja cru!). Resfrie antes de cortar a massa em pedaços.

Mochi de chocolate & matcha (glúten free)

Às vezes os prazeres da comida não são embalados em gostos notáveis, mas em texturas. E, quando se trata de mochi, massa de arroz japonês, muito de seu apelo pode ser atribuído a uma textura de goma reconfortante. Esse confeito japonês, desenvolvido ao longo de centenas de anos, transforma o cereal em uma preparação delicada e requintada, para acompanhar o serviço de chá nipônico. Não confunda o "glutinoso" no nome da farinha com presença de glúten. O termo "glutinoso" se refere à propriedade de formar goma do arroz. Esta receita está liberada para celíacos. A farinha de arroz, lembro, não é um produto integral. Independentemente de restrições alimentares e opções, o mochi é um cookie diferente e delicioso.

MOCHI – ingredientes

Mochi (farinha de arroz glutinoso)...100 g
Cacau em pó natural..20 g
Amido de milho...30 g
Açúcar ....150 g
Água ....200 mL

Instruções

Em uma tigela, com a espátula, misture a farinha de arroz, o cacau em pó, o amido de milho e o açúcar. Adicione gradualmente a água. Coloque a mistura no micro--ondas por 1 minuto em potência média. Misture em seguida e repita a operação três vezes. Em todas as vezes, misture a massa completamente até que esteja grossa o suficiente para se formar ou ser modelada.

Manipulação e modelagem

Polvilhe a superfície de trabalho com fécula de arroz ou com amido. Manipule a massa ligeiramente até estar maleável e moldável. Abra a massa em uma espessura de aproximadamente 2 mm e corte 24 discos de 6 cm de diâmetro e 24 discos de 5 cm de diâmetro.

MOUSSE DE MATCHA & CHOCOLATE – ingredientes

Leite integral.. 60 mL
Matcha .... 1 colher (chá)
Chocolate 63%, derretido..200 g
Creme de leite .... 250 mL

Instruções

Bata o creme de leite até ponto médio e mantenha sob refrigeração até que o chocolate derretido atinja a temperatura ambiente. Aqueça o leite e em seguida adicione o matcha, misturando até estar completamente dissolvido, mas sem que o leite ferva, pois o matcha desenvolve um sabor amargo se fervido. Despeje essa mistura quente sobre o chocolate derretido, mexendo vigorosamente o tempo todo. Uma vez que a mistura de chocolate alcance 35 °C, adicione o creme de leite batido, cuidadosamente, até obter um creme homogêneo. Coloque a preparação em um saco de confeiteiro e dispense-a em moldes côncavos pequenos ou a em pequenas quantidades iguais sobre um silpat, congelando-as até estarem completamente firmes.

Montagem final

Coloque uma porção congelada de mousse no centro de cada pequeno disco de 5 cm e coloque um disco maior em cima. Use um cortador para pressionar as bordas do disco maior e selar os dois discos. Polvilhe com cacau em pó ou matcha e mantenha sob refrigeração.

Mochi de chocolate & matcha.

AMIDOS E FÉCULAS SÃO ELABORADOS a partir de uma variedade de alimentos, como trigo, cevada, milho, batata, batata-doce, arroz, feijão, mandioca. Segundo a Agência Nacional de Vigilância Sanitária (Anvisa), amido é um produto e fécula é outro, mesmo que quimicamente falando sejam quase a mesma coisa. O amido é o produto amiláceo extraído das partes aéreas comestíveis dos vegetais. Em outras palavras, tem que estar acima da terra. A fécula é o produto amiláceo extraído das partes subterrâneas comestíveis de vegetais como tubérculos, raízes e rizomas.

MANDIOCA, FARINHA, TAPIOCA, POLVILHO & FÉCULA

A planta é chamada de cassava, mandioca, yuca, aipim. É livre de proteína e glúten, sendo quase em sua totalidade amido ou carboidrato, com baixíssimos traços de gordura saturada, colesterol e sódio.

Tapioca e farinha de mandioca não são a mesma coisa! A tapioca é obtida por meio de um processo de lavagem e tratamento da polpa. A polpa umedecida é esmagada, para a extração de seu conteúdo de amido. Após a água ser evaporada do líquido de amido, o que sobra é a farinha de tapioca.

A farinha de mandioca é a raiz inteira, simplesmente descascada, seca e moída. Isso significa que apresenta fibras dietéticas, transformando-a em uma farinha com material suficiente para a elaboração de certos produtos.

O polvilho (ou polvilho doce) provém do líquido que escorre da massa da mandioca e é deixado a decantar, formando um pó fino no fundo do recipiente. O polvilho azedo passa por um passo extra, um processo de fermentação, que lhe outorga uma textura granulada e um toque azedo. Polvilho doce e fécula de mandioca são nomes diferentes para a mesma coisa. E com ele, o polvilho (doce e azedo), fazemos os dois biscoitos deliciosos apresentados aqui.

FARINHA DE MILHO & FUBÁ

A farinha de milho é elaborada pela moagem dos grãos inteiros, por rolos de aço ou artesanalmente (em rolo de pedra). Pode ser encontrada em várias moagens: fina (fubá), média e granulosa. A farinha de milho elaborada à maneira antiga contém todo o grão, o que por um lado aumenta seu valor nutricional, mas, por outro, modifica sua durabilidade, em consequência da gordura contida no grão. No sistema industrial, a moagem por rolos de aço remove a maior parte da casca e do germe, deixando quase que exclusivamente o endosperma. A farinha de milho é largamente utilizada na elaboração de produtos assados e para dar crocância a frituras.

Biscoito de polvilho da Fazenda Cegonha

Essa receita me foi dada manuscrita pela cozinheira da Fazenda Cegonha, em Centenário do Sul, Paraná.

Ingredientes

Polvilho azedo .... 500 g
Água fervente .... ⅔ de xícara
Óleo vegetal .... 1 xícara
Leite .... ½ xícara
Sal .... 1 colher (sopa)
Ovos .... 2 unidades

Instruções

Coloque o polvilho azedo em uma bacia, agregue a água fervente e o óleo e misture bem com uma espátula. Adicione o leite e o sal, mexendo sempre. Por último, coloque os ovos. Misture tudo até obter uma massa lisa e homogênea. Caso esteja muito seca, adicione mais leite e trabalhe até conseguir uma massa homogênea, mas de consistência suave. Refrigere a massa por 15 minutos e despeje-a em um saco de confeitar, para fazer biscoitos de modelos e tamanhos de sua preferência. Para biscoitos mais grossos, dispense duas camadas da massa para cada biscoito.

Cocção

A 200 °C, por 20 minutos, ou até estarem dourados.

Biscoito de polvilho da Fazenda Cegonha.

Chipa paraguaia

Similar ao pão de queijo, a chipa paraguaia é muito popular no Mato Grosso do Sul. A preparação é simples e rápida, e todos os ingredientes devem estar em temperatura ambiente, sem necessidade de serem escaldados.

Ingredientes
Polvilho doce .... 500 g
Queijo meia cura, ralado finamente .... 2 xícaras
Sal .... 1 colher (chá)
Manteiga em temperatura ambiente .... 100 g
Ovos .... 2 unidades
Leite .... 1 xícara

Instruções
Em uma tigela grande, junte o polvilho, o queijo e o sal, mexendo com as mãos. Acrescente a manteiga e os ovos e amasse até formar uma farofa grossa. Adicione metade do leite e amasse novamente. Vá adicionando o restante aos poucos e trabalhe a massa até desgrudar dos dedos. O ponto é uma massa bem homogênea.

Manipulação e modelagem
Divida a massa em porções de 25 g e modele as chipas em formato de ferradura.

Cocção
A 200 °C, por 20 minutos, até estarem bem douradas.

Chipa paraguaia.

Broa airosa (choux de fubá)

Ingredientes

Leite ....500 g
Açúcar ....80 g
Manteiga gelada ....200 g
Sal ....½ colher (chá)
Semente de anis..1 colher (chá)
Farinha de trigo comum..200 g
Fubá ....100 g
Ovos..380 g

Instruções – método para massa choux

Ferva o leite, o açúcar, a manteiga, o sal e o anis. Adicione a farinha e o fubá de uma só vez, mexendo com uma espátula sem parar até que os ingredientes estejam cozidos e se forme uma casca espessa no fundo da panela (cerca de 3 minutos em fogo médio).

Manipulação e modelagem

Deixe a mistura perder o vapor (cerca de 5 minutos) e comece a adição dos ovos, um a cada vez, misturando completamente após cada adição. Trabalhe até a obtenção de uma massa homogênea e brilhante. Em razão das diferenças de granulosidade e de absorção entre o fubá e a farinha de trigo, é importante corrigir o ponto antes de transferir a massa para a manga de confeitar. Quando erguida na espátula, a massa cai vagarosamente e forma um V. Dispense com bico crespo ou liso em assadeira forrada, deixando espaço para expansão (mas mantenha as broas próximas umas das outras). Pulverize a assadeira com uma mistura, em partes iguais, de farinha e fubá.

Cocção

A 210 °C, por 5 minutos, ou a 190 °C, por 18 a 20 minutos, dependendo do tamanho. A broa assada deve ser bem leve e ligeiramente úmida.

Broa airosa.

Crumiri

Crumiri são biscoitos de farinha de milho de origem italiana, da região de Piemonte. O fubá utilizado dá o tom da qualidade a seus crumiri. Caso tenha oportunidade, prepare esta receita com um fubá artesanal, obtido no pilão!

Ingredientes

Manteiga em temperatura ambiente	400 g
Açúcar	290 g
Extrato de baunilha	1 colher (chá)
Ovos	4 unidades
Anis em pó	½ colher (chá)
Farinha de trigo para pão	470 g
Fubá	235 g
Fermento em pó químico	½ colher (chá)

Instruções – método cremoso

Bata a manteiga e o açúcar até obter uma pasta homogênea, mas sem muita adição de ar. Acrescente a baunilha, os ovos e o anis, misturando bem e limpando a tigela algumas vezes. Adicione a farinha de trigo peneirada com o fubá e o fermento. Misture até que se forme uma massa de consistência firme, mas fácil de ser mangueada. Ajuste a consistência da massa com um pouco de ovo, se necessário.

Manipulação e modelagem

Dispense a massa em desenhos criativos, como S, alongados, redondos, zigue-zague, ferradura, concha. Em uma assadeira podem se dispor vários modelos, desde que sejam do mesmo tamanho, para cozinharem ao mesmo tempo.

Cocção

A 180 °C, até que estejam bem dourados e crocantes.

Crumiri.

PRODUTOS VEGANOS não são necessariamente melhores para a saúde. Um biscoito elaborado com manteiga não seria necessariamente menos saudável do que um feito com gordura hidrogenada. Alimentos processados usualmente são carregados em gorduras saturadas, principalmente óleo de coco. Uma dieta equilibrada provê nutrientes e não tem que ser limitada. Aos adeptos do veganismo, podemos produzir opções criteriosas e interessantes de cookies e biscoitos. Não desista se uma receita não funciona nem se contente com um produto sem as características de sabor e textura esperadas. Neste capítulo, minha proposta é lançar ideias, visibilidade e informações que possam provocar meu leitor a tentar algo diferente.

VEGANOS

A LINHAÇA

A confeitaria vegana traz um grande desafio: a substituição dos ovos como aglutinadores, coaguladores e amaciantes, entre tantas outras funções. Os adeptos utilizam frequentemente a linhaça em receitas de cookies, biscoitos, panquecas, waffles e muffins.

SUBSTITUIÇÕES: uma das maneiras é misturar a semente moída (farinha) em líquido, como água, leite (de soja, coco, arroz, amêndoa, macadâmia, entre outros veganos) ou suco de fruta, e esperar que se forme uma mistura espessa ou gel. A outra maneira consiste em ferver as sementes de linhaça inteiras com água até obter uma mistura gelatinosa e coá-la, descartando as sementes. Deixe esfriar antes de utilizar. Armazene o restante no refrigerador em recipiente hermético por até 1 semana ou no congelador por até 3 meses.

PROPORÇÕES:
- 1 ovo = 1 colher (sopa) de farinha de linhaça dissolvida em 3 colheres (sopa) de água ou outro líquido.
- 100 mL de manteiga, margarina ou óleo = 300 mL de linhaça triturada.

LIMITAÇÕES: a substituição é mais eficiente em receitas nas quais os ovos não sejam o ingrediente mais importante, porque a linhaça não forma a espuma que as claras formariam nem espessam como os ovos inteiros ou as gemas fariam. Mas a linhaça oferece bom desempenho em cookies e biscoitos, pães e outros produtos nos quais a cor marrom, a textura arenosa e o sabor amendoado podem passar despercebidos. A massa tende a dourar mais rapidamente, e em alguns casos o resultado é mais seco por causa de seu menor poder de expansão.

AJUSTES: a linhaça dourada reduz o efeito da coloração intensa em produtos assados. O efeito de escurecimento pode ser minimizado diminuindo um pouco a temperatura de forno ou cobrindo a assadeira frouxamente com uma folha de papel--alumínio já no início da cocção. Para compensar a redução de expansão, adicione 1/8 de colher (chá) de fermento em pó para cada ovo substituído com a linhaça.

Biscoito digestivo vegano

Biscoitos (biscuits) digestivos foram criados por dois médicos da era vitoriana (meados de 1800) em razão das pesadas refeições britânicas. O bicarbonato contido nas fórmulas originais era adicionado para atuar como antiácido. Atualmente, os digestive biscuits são um *best-seller* no Reino Unido, uns mais doces, mais integrais, mais esfarelentos... Nesta versão vegana, abolimos o açúcar processado e utilizamos a farinha de espelta, que oferece um sabor amendoado, misturada à farinha de aveia, que adiciona uma textura ligeiramente esfarelenta. A gordura de origem vegetal dá o tom final de um delicioso biscuit.

Ingredientes

Farinha de espelta...190 g
Farinha de linhaça dourada ....30 g
Farinha de aveia ....60 g
Bicarbonato de sódio.. ½ colher (chá)
Açúcar demerara ou turbinado...80 g
Óleo de coco..80 g
Leite de amêndoas ....6 a 8 colheres (sopa)

Instruções

Em um processador de alimentos, coloque todos os ingredientes secos e pulse algumas vezes, até que tudo esteja bem misturado. Adicione o óleo aos poucos e processe até combinar. Adicione o leite de amêndoas colher por colher, até obter uma textura coesa e úmida.

Manipulação e modelagem

Em uma superfície levemente enfarinhada, abra a massa a uma espessura de 1 cm e corte com o cortador de sua preferência. Disponha os biscoitos em assadeira forrada e pincele-os levemente com leite de amêndoas. Salpique açúcar demerara.

Cocção

A 170 °C, por 12 minutos, ou até que estejam dourados nas bordas e na parte inferior. Após esfriarem, guarde-os em recipiente hermético.

Biscoito vegano rápido

Fácil de fazer, saudável e muito saboroso – especialmente se coberto com gergelim cru.

Ingredientes

Manteiga de amendoim..⅔ de xícara
Xarope de arroz ou de maple ....½ xícara
Farinha de aveia ....½ xícara
Linhaça moída ....2 colheres (sopa)
Gergelim, para recobrir...q.b.

Instruções

Misture a manteiga de amendoim e o xarope. Em seguida, adicione a farinha de aveia e a linhaça, pouco a pouco, e misture tudo bem. Com uma colher ou com as mãos molhadas, forme bolas e passe-as no gergelim e disponha sobre um tabuleiro forrado. Deixe espaço de cerca de 2 cm entre elas e achate-as um pouco.

Cocção

A 180 °C, por 10 a 12 minutos. Tenha cuidado ao movimentar os biscoitos, que são muito macios.

Biscoito vegano rápido.

Biscoito de batata-doce & aveia

Esta fórmula utiliza purê de maçã, um importante substituto de gordura em produtos assados e eficiente para a coesão dos ingredientes. Utilizar o purê de maçã em vez de manteiga ou óleo adiciona fibra e reduz calorias em biscoitos e cookies. Esse purê ainda produz biscoitos menos crocantes e mais úmidos. O teor de umidade mantém o produto mais fresco. É um ingrediente adequado não só para veganos e vegetarianos como também para pessoas alérgicas a ovo ou que tenham dietas restritivas (colesterol). Para fazer o purê, utilize variados tipos de maçã. Cozinhe em fogo baixo 1 kg da fruta sem casca, ¾ de xícara de água e 2 colheres (sopa) de suco de limão. Caso deseje, flavorize com especiarias. Cozinhe por 30 minutos ou até que as maçãs estejam macias. Processe e mantenha o purê sob refrigeração por até 2 dias. Congele em porções pequenas por até 30 dias.

Ingredientes

Farinha de aveia	1 xícara
Purê de maçã	2 colheres (sopa)
Açúcar mascavo	⅓ de xícara
Batata-doce cozida e amassada	⅓ de xícara
Xarope de maple	3 colheres (sopa)
Manteiga de amendoim	½ xícara
Extrato de baunilha	1 colher (chá)

Instruções

No processador, processe ⅓ de xícara de aveia até obter uma farinha. Adicione o purê de maçã, o açúcar mascavo e o purê de batata-doce e processe até obter uma mistura homogênea. Despeje em uma tigela e adicione os demais ingredientes, misturando até que a massa seja formada.

Manipulação e modelagem

Com uma colher ou boleador, dispense os biscoitos em uma assadeira forrada com silpat, deixando um espaço de 2 cm entre eles. Se necessário, achate-os suavemente com um garfo.

Cocção

A 170 °C, por 12 minutos, ou até que esteja bem dourado.

Brownie vegano

Este brownie é denso e mastigável, qualidades oferecidas pela utilização de araruta e do açúcar em xarope (invertido).

Ingredientes

Chocolate 100% (vegano) .... 120 g
Margarina vegetal ou manteiga de coco orgânico ....5 colheres (sopa)
Açúcar ....1 xícara
Xarope de agave..2 colheres (sopa)
Extrato de baunilha .... 1 colher (chá)
Sal .... ¼ de colher (chá)
Farinha de trigo ....¾ de xícara
Araruta ou polvilho doce ....¼ de xícara
Leite de soja (ou outro vegano de sua preferência) ....¼ de xícara
Nozes, picadas...½ xícara

Instruções

Derreta a gordura e o chocolate no micro-ondas, cuidadosamente. Em uma tigela, misture o açúcar, o xarope, a baunilha, o sal e o leite de soja (ou leite vegano de sua preferência). Acrescente a farinha de trigo peneirada com a araruta ou o polvilho doce e misture até obter uma pasta lisa e despeje sobre a mistura de chocolate derretido. Adicione as nozes picadas, mexa bem e despeje em assadeira de 15 cm forrada com papel-manteiga.

Cocção

A 170 °C, por 15 minutos, ou até estar seco no centro, mas com umidade remanescente.

Boda mexicana vegana

Macio, amanteigado e flavorizado, será difícil encontrar alguém – independentemente de ser ou não vegano – que não goste deste delicioso biscoito.

Ingredientes

Margarina vegetal gelada, em cubos .... 240 g
Açúcar de confeiteiro, peneirado .... ½ xícara
Sal .... ½ colher (chá)
Pistachos moídos (ou farinha) .... ¾ de xícara
Extrato de baunilha .... 1 colher (chá)
Farinha de trigo comum, peneirada .... 2 ¼ xícaras
Açúcar impalpável, para decorar.. 2 xícaras

Instruções – método cremoso

Faça um creme com a margarina, o açúcar, o sal, o pistacho e a baunilha, limpando a tigela ocasionalmente, até não haver mais grumos. Adicione a farinha de trigo e misture somente até a massa se formar.

Manipulação e modelagem

Faça bolinhas pequenas e refrigere por pelo menos 30 minutos antes da cocção.

Cocção

A 150 °C, por cerca de 12 minutos, ou até estarem firmes no centro, mas sem coloração. Este biscoito é da família dos shortbreads, então a umidade proveniente da margarina deve se dissipar, mas por secagem, não por excesso de cocção.

Finalização

Role em açúcar impalpável assim que sair do forno, e uma segunda vez antes de servir.

Boda mexicana vegana.

O MÉTODO DE DISPENSA PARA OS SABLÉS pode variar, mas quem come um desses biscoitos consegue identificá-lo seja qual for o formato. Eles são "arenosos" (como já indica seu nome francês); esmigalham-se levemente ao serem degustados e depois derretem na boca. Apesar do nome – que remete ao método sablage de mistura –, eles podem ser elaborados também pelo método cremoso (mais indicado nas receitas com maior proporção de manteiga e presença de gemas). Quanto à dispensa, os sablés podem ser modelados com cortadores de biscoito ou assados em moldes (o que restringe sua expansão e lhes outorga bordas mais regulares).

SABLÉS

Sablé nantais

Cada região francesa tem seu sablé típico, feito com ingredientes locais, em inúmeras versões. As mais populares são o sablé breton (mais gordinho e salpicado com flor de sal) e o nantais, em vários formatos: finos, envernizados e incrivelmente crocantes.

Ingredientes

Manteiga em temperatura ambiente	150 g
Açúcar	180 g
Extrato de baunilha	1 colher (chá)
Flor de sal	1 colher (chá)
Gemas	4 unidades
Farinha de amêndoa	130 g
Farinha de trigo de baixo glúten	370 g
Gemas batidas, para pincelar	2 unidades

Instruções – método cremoso

Bata a manteiga, o açúcar, a baunilha e o sal até obter um creme, mas sem adicionar ar. Acrescente as gemas e misture até estarem incorporadas. Adicione a farinha de amêndoa e misture por mais 1 minuto. Acrescente a farinha de trigo e misture somente até formar uma massa. Embale a massa com filme plástico e refrigere-a por pelo menos 1 hora.

Manipulação e modelagem

Deposite a massa gelada entre duas folhas de papel-manteiga levemente enfarinhadas. Com um rolo, abra a massa até uma espessura de 1 cm. Utilize um cortador redondo de 6 cm de diâmetro, obtenha os biscoitos e deposite-os em assadeira forrada. Se a massa se tornar muito macia enquanto corta, volte a refrigerá-la até estar novamente fácil de manipular. Pincele os biscoitos com gema batida, como um verniz (generosamente, mas sem deixar linhas escorridas). Leve a assadeira ao refrigerador por 1 hora. Pincele uma segunda demão e, com um garfo, faça linhas retas, cruzadas ou onduladas.

Cocção

A 150 °C, por 10 minutos, ou até estarem bem dourados.

Sablé de lavanda

A lavanda tem larga utilização na indústria de cosméticos e na área medicinal. Na confeitaria, confere aos produtos um perfil levemente floral, com nuances cítricas. Explore alternativas com flores comestíveis (frescas ou secas) e ervas aromáticas (também frescas ou secas), como sálvia, flor de orégano e alecrim.

Ingredientes

Farinha de trigo de baixo glúten .... 300 g
Farinha de amêndoa .... 60 g
Fermento em pó químico .... 1 colher (chá)
Açúcar de confeiteiro, peneirado .... 250 g
Flor de sal .... ½ colher (chá)
Manteiga gelada, em cubos .... 200 g
Gemas .... 4 unidades
Flores de lavanda .... 1 colher (chá)
Clara de ovo batida com água, para pincelar .... 1 unidade em 1 colher (sopa)
Açúcar cristal, para pulverizar .... ¼ de xícara

Instruções – método sablage

Em um processador de alimentos, adicione as farinhas, o fermento em pó químico, o açúcar, o sal e a manteiga. Pulse até obter uma farofa fina (cerca de 1 minuto). Acrescente as gemas e as flores de lavanda e pulse somente até uma massa se formar. Caso esteja muito seca, adicione 1 colher (chá) de leite apenas para tornar a massa manipulável (o ajuste pode ser necessário dependendo da qualidade de farinha utilizada).

Manipulação e modelagem

Divida a massa em duas partes. Dê-lhes forma arredondada e achate cada uma delas. Leve-as para refrigerar por pelo menos 2 horas, embaladas em filme plástico. Em superfície levemente enfarinhada, abra a massa a uma espessura de 2 cm ou conforme desejado. Faça os biscoitos com cortadores e disponha-os sobre assadeira forrada. Pincele os sablés com a clara batida com a água. Salpique as flores de lavanda e pulverize com o açúcar cristal, levemente.

Cocção

A 190 °C, por 10 a 12 minutos. Mantenha os biscoitos em embalagem selada por até 3 dias.

Sablé de lavanda.

BISCOITOS CORTADOS (CUT-OUT COOKIES) são obtidos de uma massa amanteigada simples, como a de shortbread, massa diamante, massa de gengibre ou mesmo a de um sablé. Elas não devem apresentar muita distorção quando assadas. Estes biscoitos são a desculpa perfeita para tirar do armário aqueles cortadores bonitinhos que vamos comprando ao longo da vida! Depois e só decorá-los com glacê real, granulados, flores, cores e brilhos – tudo comestível, obviamente.

BISCOITOS DE MASSA PARA CORTE

Homem biscoito de gengibre (gingerbread man)

O gengibre foi cultivado pela primeira vez na China antiga, onde era comumente utilizado por suas propriedades medicinais. De lá, espalhou-se para a Europa pela Rota da Seda. Ainda hoje usamos essa raiz para combater problemas digestivos e respiratórios. O gingerbread ("pão de gengibre") era comum na Europa, em festivais medievais, representando animais, reis e rainhas. Ao longo do tempo, essas formas incluíram flores na primavera e os pássaros, no outono. O gingerbread decorado tornou-se sinônimo de todas as coisas extravagantes e elegantes na Inglaterra. Para nossos contemporâneos, nenhuma confecção simboliza as festas natalinas como o gingerbread – e esse termo passou a ser amplamente utilizado para descrever qualquer tipo de biscoito que combine gengibre com mel, melaço ou açúcar mascavo.

O conhecido homem biscoito de gengibre pode ser obtido pressionando a massa em moldes de madeira com gravação em alto-relevo ou, simplesmente, a partir de cortadores no formato do homenzinho, com a decoração feita de glacê real. Note que o tamanho desta receita é provavelmente grande o suficiente para presentear sua família e seus amigos!

Homem biscoito de gengibre (gingerbread man).

Ingredientes

Manteiga ....450 g
Açúcar..240 g
Açúcar mascavo ....200 g
Xarope de milho.. 1.080 g
Leite ....¾ de xícara
Farinha de trigo de baixo glúten ....1.250 g
Bicarbonato de sódio.. 1 colher (chá)
Canela em pó...3 colheres (chá)
Cravo em pó... 1 colher (chá)
Gengibre em pó ....4 colheres (chá)
Pimenta-do-reino branca em pó .... ½ colher (chá)

Instruções

Em uma panela, coloque a manteiga e os açúcares, o xarope de milho e o leite. Esquente a 55 °C, misturando sempre com uma espátula. Adicione os ingredientes secos peneirados juntos e misture completamente até obter uma massa lisa e homogênea. Divida a massa em quatro discos grossos e envolva cada disco em filme plástico. Refrigere por 12 horas. A massa pode ser preparada até 2 dias antes de ser assada.

Manipulação e modelagem

Trabalhe com um disco de cada vez, mantendo os outros refrigerados. Retire a massa da geladeira e deixe ficar em temperatura ambiente o suficiente para abri-la sem provocar rachaduras (cerca de 10 minutos). Coloque a massa em uma superfície de trabalho levemente enfarinhada e polvilhe com farinha, massageando a massa. Volteie a massa e massageie com farinha (você deve ser capaz de mover a massa durante todo o tempo, sem deixar que grude na mesa). Abra a massa com 1 cm de espessura, verificando que ela não está aderindo à superfície de trabalho (utilize uma espátula de metal e pulverize mais farinha na superfície, se necessário). Usando cortadores ou moldes, obtenha os biscoitos e transfira-os para assadeira antiaderente, deixando 2,5 cm de espaço entre eles. Junte as sobras de massa, limpe o excesso de farinha e junte-as para formar um outro disco, sem sovar. Refrigere por 10 minutos essa massa antes de abri-la novamente. E, assim, utilize toda a massa.

Cocção

A 170 °C, por 10 a 12 minutos, até ficarem firmes. Disponha os homenzinhos sobre telas perfuradas e deixe que esfriem completamente antes de decorá-los. Faça a decoração com glacê real (ver página 210) e deixe secar completamente para embalar os homens biscoito de gengibre.

Diamante

Uma massa muito versátil, de origem francesa, com a qual se produziam biscoitos cortados em losangos (em alusão à icônica pedra preciosa). Produz cookies deliciosos e também funciona como base para tortas, pela manipulação fácil e pela textura limpa, que aceita bem recheios, modelagens sem distorção e diversos acabamentos.

Ingredientes

Manteiga em temperatura ambiente..160 g
Raspas de laranja.. 1 colher (chá)
Açúcar...145 g
Sal .... ½ colher (chá)
Gemas...100 g
Farinha de trigo de baixo glúten ....300 g
Fermento em pó químico 3g

Instruções – método cremoso

Bata a manteiga, as raspas, o açúcar e o sal até obter um creme. Acrescente as gemas em três adições. Peneire os ingredientes secos e adicione-os. Misture bem, mas não demais. Deixe a massa descansar na geladeira por pelo menos 2 horas.

Manipulação e modelagem

Abra a massa até deixá-la com uma espessura de 2 cm a 3 cm e disponha sobre uma assadeira forrada.

Cocção

Para biscoitos comuns, por 8 minutos, a 170 °C, ou até estarem levemente corados e firmes. Para biscoitos crocantes, na mesma temperatura, por 11 a 13 minutos, ou até estarem com um dourado intenso.

Finalização

Corte em losangos ou no formato que desejar. Você pode pincelar com geleia de brilho ou geleia de sua fruta preferida ou, apenas, pulverizar com açúcar impalpável.

Christmas tree (de massa diamante) recoberta com "neve" de açúcar gelado.

Massa diamante decorada com glacê real e confeito de açúcar colorido.

O PRIMEIRO PASSO PARA PINTAR qualquer obra-prima é, naturalmente, a aquisição do tipo certo de tela – no caso, um biscoito cuja massa não se propague, de sabor sutil e com boa durabilidade. Particularmente não aconselho estilos de biscoito crocantes, por serem mais propensos a quebrar. Cookies com superfície rachada ou porosa podem dificultar a aplicação da decoração e comprometer o resultado.

Disto isto, ótimas "telas" são os biscoitos de massa para corte (por exemplo, diamante e de gengibre) e os shortbreads, que sofrem pouca distorção quando assados. A qualidade de uma fórmula e de uma massa misturada se revela em sua cocção e na completa ausência de distorções que afetem o design inicial.

Sempre faça a massa com as temperaturas de manteiga/gordura corretas, misture/amasse apenas até os ingredientes serem incorporados e dê certo tempo sob refrigeração para que a farinha possa se hidratar com a manteiga. Trabalhe com um pedaço de massa por vez e mantenha o restante sob refrigeração. Abra a massa em superfície o menos enfarinhada possível. Utilize cortadores eficientes e, com um pincel, retire qualquer vestígio de farinha acumulado durante a manipulação. E seja preciso quanto à espessura de suas produções. Biscoitos que serão cobertos completamente com glacê real ou fondant, por exemplo, devem ter espessura suficiente para suportar o peso de suas decorações, embora também não possam ser muito espessos, o que os tornaria uma "refeição"!

Ajustada a "tela", o passo seguinte é obter o melhor material de "pintura", que deve ter uma consistência que flua, mas não escorra: um bom glacê real. Reserve uma porção de glacê branco e divida o restante no número de cores que for utilizar, cobrindo-o com um plástico ou um papel-toalha ligeiramente úmido para prevenir que se resseque. Sou uma grande fã de tons pastel, mas você pode escolher as cores de que mais gosta.

TÉCNICAS PARA DECORAR

Glacê real

Ingredientes
Açúcar de confeiteiro ....500 g
Clara ....1 unidade
Água ....55 g
Pó para merengue .... ½ colher (chá)

Instruções
Misture tudo com um batedor e leve a banho-maria, mexendo o tempo todo, até que a temperatura chegue a cerca de 66 °C.

Ajuste de textura
Adicione 1 colher (sopa) de xarope simples,[1] batendo novamente até a textura desejada. Divida em tigelas e adicione o corante.

Adição de cores
Trabalhe com uma tigela por vez. Coloque o corante de sua escolha (gel, líquido ou em pó) e misture bem. Coloque em manga de confeitar (no máximo 60% da capacidade), fechando com um clipe ou fita adesiva. Corte o orifício de saída apenas quando necessário, para manter o glacê protegido de ressecamento.

TÉCNICA DE PREENCHIMENTO

Posicione o bico de confeitar, fino e liso, a pelo menos 2 cm da borda do biscoito. O glacê irá se expandir para os espaços vazios, então posicioná-lo muito próximo à borda faria a maior bagunça. Com cuidado (e suavemente), aperte o saco de confeitar até que o glacê comece a fluir. Uma vez que o glacê toque o biscoito, mantenha uma ligeira pressão sobre o saco de confeitar e, na hora de retirá-lo, lentamente o levante até uns 5 cm acima do biscoito. Preencha a área a ser coberta com a ajuda de um palito. Essa técnica também é usada para a decoração de áreas menores de um biscoito (por exemplo, peças do vestuário do homenzinho de gengibre).

---

1 Para obter o xarope simples, ferva 1 xícara de água + 1 xícara de açúcar por 1 minuto.

TÉCNICA DE POLKA DOTS

Cubra o biscoito com a cor de glacê real de sua preferência. Trabalhando com uma segunda cor (ou mesmo uma terceira), segure o saco de confeitar perpendicularmente ao biscoito, com a ponta apenas um pouco acima da superfície do glacê.

TÉCNICA DE CORAÇÕES

Cubra o biscoito e faça pequenos pontos de acordo com o explicado na técnica de flooding e na de polka dots. Em seguida, arraste um palito por cima de cada ponto, movendo-o de cima para baixo.

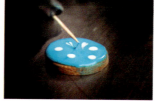

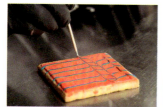
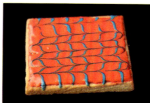

TÉCNICA DE ZIGUE-ZAGUE

Tal como na técnica anterior, esta começa com uma cor base de glacê, uma cor secundária e um pouco de mágica do palito. Após cobrir toda a área com a base de glacê, faça uma série de linhas, com outra cor, pressionando a manga de confeitar suave mas constantemente, para o glacê cair em uma sequência ininterrupta. Com o palito, cruze as linhas de glacê, em sentidos inversos: uma, de cima para baixo, e outra, de baixo para cima, conforme as fotos.

IMPRESSIONE AMIGOS OU CLIENTES adicionando, aos biscoitos básicos, detalhes com moldes, carimbos, selos de cerâmica ou rolos especialmente esculpidos. Carimbos de borracha podem ser encomendados, então é possível você ter um desenho personalizado (como um monograma). Manipule com cuidado, e o resultado será encantador.

Os melhores exemplos são o speculaas e o springerle – ambos tradicionais biscoitos europeus, particularmente famosos na época do Natal na Alemanha e na Holanda. São flavorizados com especiarias e apresentados com intrincados desenhos de pessoas, animais e flores.

O springerle é delicadamente aromatizado com anis, pálido e tende a ser mais espesso do que estamos acostumados em biscoitos. O speculaas (ou spekulatius, ou speculoos) contém especiarias picantes e adocicadas (tradicionalmente, uma mistura de canela, noz-moscada, cravo, gengibre, cardamomo e pimenta-do-reino branca).

Carimbo e rolo para impressão.

BISCOITOS POR IMPRESSÃO

Springerle

A origem do biscoito remonta ao século XIV, no sudoeste da Alemanha. Moldes centenários mostram que o springerle era assado para a celebração de feriados religiosos e ocasiões especiais ao longo do ano. Atualmente, são mais associados ao Natal.

O sucesso do springerle está em utilizar uma massa bem fria, na qual o desenho é impresso. A massa é deixada para secar por 24 horas antes de ser assada a baixa temperatura em assadeira untada e polvilhada com açúcar e anis. O período de secagem permite definir o desenho na parte superior do biscoito, o que dá um efeito "pop-up" de fermentação.

A receita que apresento conta com uma farinha de trigo de baixa proteína, bem branca, e com grande presença de amido, para obter um exterior um pouco crocante e um interior levemente úmido e denso. Apenas para os devotos de biscoitos bem resistentes!

E, como charme adicional, traz o sal amoníaco (ou amônia de padeiro), levedante antigo que reage com o calor para dissipar gases de odor forte os quais fazem inflar um biscoito. Produtos elaborados com sal amoníaco apresentam uma textura porosa muito particular, à qual nenhum outro fermento químico consegue se igualar, para um produto final crocante. A amônia também controla a esparramação. O biscoito, em vez de se espalhar, ganha volume para cima. Não se assuste com o odor significativo e com o gás que escapa quando abrimos o forno: os gases se evaporam já durante o esfriamento do biscoito sem deixar vestígios.

Ingredientes

Ovos	3 unidades
Açúcar de confeiteiro, peneirado	350 g
Extrato de anis ou de baunilha	1 colher (chá)
Sal	½ colher (chá)
Água em temperatura ambiente	1 colher (sopa)
Sal amoníaco	2 g
Farinha de trigo de baixo glúten	375 g

Instruções – método esponjoso (modificado)

Bata os ovos, o açúcar, o flavorizante e o sal por 5 minutos em velocidade média-alta. Enquanto isso, misture a água com o sal amoníaco e adicione à mistura, batendo bem. Gradualmente, acrescente a farinha, peneirada, e misture em velocidade baixa até obter uma massa bem distribuída e consistente. Cubra com filme plástico e deixe repousar em temperatura ambiente por 30 minutos.

Manipulação e modelagem
Divida a massa em duas partes, mantendo-a sempre coberta. Pulverize com farinha de trigo levemente a superfície de trabalho e, abundantemente, o molde ou rolo de springerle. Bata no rolo para retirar o excesso de farinha, mas assegure que os intrincados do desenho estejam pulverizados, ou o biscoito se romperá ou se distorcerá ao ser manipulado. Com o molde: com o rolo normal, abra a massa deixando-a com uma espessura de 1 cm. Então, pressione o molde firmemente e o remova. Corte ao redor para limpar qualquer excesso de massa com uma faca pequena de ponta fina. Repita até finalizar a massa. Com o rolo decorativo: primeiro, com o rolo normal, abra a massa a uma espessura de 1 cm e com o tamanho aproximado do comprimento do rolo de springerle. Pulverize farinha sobre a massa, levemente, limpando com um pincel para retirar o excesso. Da mesma maneira, pulverize o rolo de springerle e dê uma ou duas batidinhas para retirar o excesso de farinha. Lentamente, passe o rolo sobre a massa, pressionando firme o suficiente para que ele deixe uma boa qualidade de impressão. Com um cortador de pizza, um cortador de biscoito do tamanho preferido ou uma faca, corte os biscoitos, separando-os.

Manipulação final
Coloque a massa em uma assadeira untada com manteiga e polvilhada com açúcar cristal e anis, deixando um espaço de 3 cm em relação às bordas. Deixe secar em temperatura ambiente, sem cobrir, por cerca de 24 horas (até que esteja seca ao toque).

Cocção
A 130 °C, por 35 a 40 minutos, ou até que estejam firmes e pálidos (não deixe que fiquem dourados). Remova os biscoitos e transfira-os para uma tela de descanso até que esfriem completamente. Guarde os springerles em recipiente hermeticamente fechado. Para prevenir que se ressequem excessivamente, coloque dentro do pote um pedaço de pão de fôrma ou uma fatia fina de maçã.

Springerle em processo de secagem (antes de ser assado).

Springerle finalizado.

Speculaas.

Speculaas

O início do comércio de especiarias asiáticas veio enriquecer o paladar holandês medieval. Esses sabores exóticos tornaram-se moda na Corte e, possivelmente em razão de seu custo, conferiam ao anfitrião *status* e prestígio. Quando modelar a massa deste biscoito, pare frequentemente para limpar os detalhes do molde com a ponta de um palito, para obter melhor nitidez no resultado.

Ingredientes

Açúcar mascavo .... 1 xícara
Farinha de trigo comum... 2 ¼ xícaras
Farinha de trigo integral .... ¾ de xícara
Fermento em pó químico .... 13 g
Sal .... 2 g
Canela em pó... 5 g
Cravo-da-índia em pó... 3 g
Cardamomo em pó.. 4 g
Manteiga gelada, em cubos .... 210 g
Ovo em temperatura ambiente..1 unidade
Leite .... 22 g
Extrato de baunilha .... 1 colher (sopa)
Açúcar muscovado .... 130 g

Instruções – método sablage

Em um processador, coloque todos os ingredientes secos, exceto o açúcar muscovado, e pulse algumas vezes. Adicione a manteiga e pulse até obter grãos uniformes e pequenos. Acrescente o ovo, o leite e a baunilha. Adicione o açúcar muscovado somente ao final do processo de mistura. Modele a massa em um círculo achatado, envolva-a com filme plástico e leve-a ao refrigerador por 2 ou mais horas (durante a noite é melhor).

Manipulação e modelagem

Unte o molde com um pouco de óleo vegetal e retire o excesso com um algodão. Enfarinhe e retire o excesso. Role um pedaço de massa do tamanho de uma bola de pingue-pongue entre as mãos levemente enfarinhadas e dê a ela um formato ovalado. Pressione a massa no molde, preenchendo todos os sulcos e fendas. Com uma faca afiada ou um pedaço de barbante de cozinha, retire a massa em excesso, para que ela fique nivelada com o molde. Vire o molde em cima de uma assadeira forrada, para liberar o biscoito, ou use uma faca afiada para facilitar a expulsão do cookie.

Cocção

A 150 °C, por 10 minutos. Então, reduza a temperatura para 140 °C e asse até que os biscoitos estejam dourados nas bordas (55 a 65 minutos). Deixe que os biscoitos esfriem sobre grades. Embora o speculaas possa ser decorado de uma maneira convencional, as impressões do molde à moda antiga não devem ser ofuscadas, tampouco o sabor delicado da massa deve ser mascarado. Mantenha os biscoitos em recipiente coberto. Em razão das especiarias, eles devem se preservar por um bom tempo.

Ma'amoul

As celebrações religiosas na região levantina do Oriente Médio não são completas sem um shortbread decorado chamado ma'amoul. Entre seus exóticos ingredientes estão o mahlab (ou mahaleb) e a mástica.

Mahlab é uma especiaria elaborada a partir de cerejas que são partidas para extração das sementes. (Caso não o encontre nos mercados especializados, retire-a da receita.)

Quanto à mástica (obtida da casca da aroeira), recentemente conheci essa goma, procurando opções para um severo problema de refluxo! Também é chamada de goma arábica (não confunda com goma-arábica processada) e chiclete do Iêmen. Um dos primeiros usos da mástica foi como goma de mascar, daí seu nome. Na Grécia, é conhecida como lágrimas de Chios. Como outras resinas naturais, a mástica é produzida em "lágrimas" ou gotículas. Originalmente líquida, quando exposta ao sol seca em gotas de resina translúcida. Mastigada, amolece e se torna uma goma brilhante. É utilizada na produção de sorvetes, doces, bebidas e sobremesas lácticas. O produto é geralmente vendido em lojas especializadas. Escolha a mástica que se parece com pequenas gotículas douradas, e não a que lembra um vidro quebrado.

Ingredientes

Mástica em cristal	2 g
Açúcar	10 g
Ghee 90 g	90 g
Semolina fina	175 g
Farinha de trigo comum	20 g
Açúcar	20 g
Mahlab moído	½ colher (chá)
Água de flor de laranjeira	1 colher (sopa)
Água de rosas	1 colher (chá)
Açúcar impalpável, para pulverizar	q.b.

Instruções

Coloque a mástica e o açúcar em um pilão e triture-os; depois, deposite-os com os demais ingredientes secos em uma tigela. Adicione o ghee aos secos com as pontas dos dedos até obter uma farofa. Acrescente a água de flor de laranjeira e a de rosas, e trabalhe até obter uma massa. Embale-a em filme plástico e a refrigere por 30 minutos.

RECHEIO DE TÂMARAS MEDJOOL – ingredientes

Tâmaras medjool	80 g
Água de rosas	1 colher (chá)
Canela em pó	1 colher (chá)
Mahlab moído	½ colher (chá)

Instruções
Coloque as tâmaras (sem caroço) em um processador com a água de rosas, a canela e o mahlab e pulse até obter uma pasta. Com as mãos úmidas, faça bolinhas pequenas (do tamanho de uma noz) e reserve-as.

RECHEIO DE NOZES – ingredientes

Nozes	50 g
Uvas passas douradas	40 g
Mel	1 colher (chá)
Cardamomo em pó	½ colher (chá)

Instruções
Coloque todos os ingredientes em um processador e pulse até obter uma pasta. Com as mãos úmidas, faça bolinhas pequenas (do tamanho de uma noz) e reserve.

Manipulação e modelagem
Prepare o molde de ma'amoul enfarinhando-o levemente. Com as mãos úmidas, faça bolas e achate-as na palma da mão, girando-as e levantando as bordas para formar um "copinho" com cerca de 3 mm (espessura) × 3 cm (altura). Preencha com a bolinha do recheio de sua escolha. Beliscando toda a extensão, sele o recheio dentro da massa e enrole em bolinha novamente. Pressione com o molde, para que adquira o desenho, e deposite o biscoito em assadeira forrada. Repita até acabar a massa.

Cocção
A 170 °C, por 18 a 20 minutos, até estarem dourados na base mas pálidos ou levemente corados ao redor. Pulverize com açúcar impalpável quando chegarem à temperatura ambiente.

Ma'amoul.

OS BISCOITOS EUROPEUS têm um caráter mais complexo e refinado que os cookies norte-americanos. Além de frequentemente serem apresentados com designs detalhados, muitas vezes são recheados com o que a imaginação do confeiteiro for capaz de ousar! Neste capítulo nos atemos aos clássicos.

BISCOITOS RECHEADOS

Bourbon & custard cream biscuit[1]

Assim como os biscoitos digestivos e os shortbreads, bourbon biscuits têm grande popularidade na Inglaterra, onde são apreciados mergulhados em chá quente. Apesar do nome, não existe álcool envolvido em sua preparação, mas esta receita apresenta, sim, uma particularidade: Bird's Custard Powder, mistura para pudding que é acrescentada à massa, flavorizando-a levemente, junto com cacau em pó de qualidade. Na impossibilidade de encontrar a marca Bird's, substitua por um pó para creme de confeiteiro ou para pudim de baunilha, nas mesmas proporções.

Ingredientes

Farinha de trigo de baixo glúten ....360 g
Cacau em pó estilo holandês ....60 g
Açúcar de confeiteiro ....230 g
Bird's Custard Powder ....120 g
Manteiga gelada, em cubos pequenos ....240 g
Ovos ....2 unidades
Creme de leite UHT ....4 colheres (sopa)

Instruções – método sablage

Combine todos os ingredientes secos e misture bem. Adicione a manteiga e misture até obter uma farofa fina. Acrescente os ovos e prossiga misturando até se formar uma massa homogênea. Caso precise ajustar a consistência, cuidadosamente adicione 1 colher (chá) de leite gelado a cada pulsada. A massa não deve ser mole. Refrigere por 1 hora.

Modelagem e manipulação

Em superfície levemente enfarinhada, abra a massa com um rolo até a espessura mais fina e consistente possível. Corte com cortadores ou em retângulos de 5 cm × 3 cm e deposite-os cuidadosamente em assadeira forrada. Leve a assadeira (coberta por filme plástico) ao refrigerador por 30 minutos.

Cocção

A 170 °C, por 12 a 14 minutos. Deixe que esfriem completamente antes de recheá-los.

---

1 Custard cream biscuits seguem a mesma receita, mas sem cacau em pó na massa ou no recheio. Nesse caso, cuidado com a textura, pois o cacau faz a massa e o recheio mais secos. Corte os biscuits com um cortador redondo pequeno, asse-os e, depois de frios, recheie com o custard cream sem cacau.

Modelagem do bourbon & custard cream biscuit.

RECHEIO – ingredientes

Açúcar de confeiteiro..240 g
Manteiga em temperatura ambiente...60 g
Cacau em pó estilo holandês..................................... 1 colher (sopa)
Creme de leite UHT.. 1 colher (sopa)

Instruções

Junte todos os ingredientes e misture-os energicamente, para obter uma pasta consistente e leve. Se necessário, ajuste a consistência com creme de leite (deve ficar firme e fácil de trabalhar com a manga de confeitar).

Bourbon & custard cream biscuit.

Linzer

Nascido na cidade austríaca de Linz, este biscoito consiste em uma massa delicada flavorizada por farinha de avelã e recheado tradicionalmente com geleia de uva negra ou framboesa. O linzer também pode ser formado como um biscoito de assadeira e cortado em pedaços. (Espalhe a massa em toda a assadeira, distribua o recheio de framboesa e, então, decore com tiras de massa cruzadas, formando losangos. Pincele generosamente com eggwash e salpique com açúcar cristal.)

Ingredientes

Manteiga gelada ....320 g
Açúcar ....260 g
Raspas de limão ....1 colher (sopa)
Ovo...1 unidade
Gema..1 unidade
Extrato de baunilha ....1 colher (sopa)
Farinha de avelã ....300 g
Farinha de trigo comum...280 g
Sal ....1 colher (chá)
Cacau em pó estilo holandês..15 g
Canela em pó..5 g
Eggwash, para pincelar..1 unidade
Geleia de framboesa, para rechear ....200 g
Açúcar de confeiteiro, para pulverizar...q.b.

Instruções – método cremoso

Bata a manteiga, o açúcar e as raspas até obter um creme claro e macio. Adicione o ovo, a gema e a baunilha e bata para incorporar. Enquanto isso, em uma tigela peneire o cacau, a canela, as farinhas e o sal. Adicione a mistura de farinha ao creme e bata apenas até os ingredientes estarem combinados; não bata demais.

Manipulação e modelagem

Em superfície levemente enfarinhada ou entre duas folhas de papel-manteiga levemente pulverizadas com farinha, abra a massa a uma espessura de 1 cm. Obtenha os biscoitos utilizando cortadores redondos canelados.

Com cortador dois tamanhos menor, faça um orifício no meio de cada biscoito (que posteriormente abrigará o recheio). Deposite os biscoitos em assadeira forrada, cubra-a com filme plástico e a leve ao refrigerador por 30 minutos. Antes de assar os biscoitos, faça o eggwash com 1 ovo + 1 colher (sopa) de água, bem batidos, e cuidadosamente os pincele.

Cocção

A 190 °C, por 8 a 10 minutos.

Finalização

Com uma manga de confeitar, recheie os biscoitos com a geleia de framboesa e pulverize com açúcar de confeiteiro.

Rugelach

O rugelach, popularizado em diversos países europeus por confeiteiros que falavam línguas diferentes, também é grafado como rugelah, rugalah, rugalach, rugulah e ruggelach.

MASSA – ingredientes

Cream cheese em temperatura ambiente ....200 g
Manteiga em temperatura ambiente, em cubos.....................................200 g
Farinha de trigo comum..200 g
Ovo batido, para a modelagem ....1 unidade

RECHEIO – ingredientes

Sobras de pão, biscoito ou bolo esmigalhadas.......................................200 g
Geleia, ganache, creme de avelã,
pasta de papoula, tâmara, damasco ou figo ....200 g
Açúcar com canela...110 g
Nozes picadas (opcional) ....100 g

Instruções – método cremoso

Bata o cream cheese por 15 minutos, em velocidade baixa (para fazer um creme, mas não adicionar ar), limpando a tigela algumas vezes. Assegure que esteja bem cremoso e livre de grumos antes de adicionar a manteiga. Acrescente a manteiga e misture até obter um creme homogêneo. Adicione a farinha e misture até estar bem incorporada. Divida a massa em dois pedaços, dê-lhes a forma de retângulo, achate-os, embale-os em filme plástico e leve-os para refrigerar por algumas horas (preferencialmente, 12 horas).

Manipulação e modelagem

Em superfície enfarinhada, estire a massa com um rolo, cuidadosamente, em formato de um longo retângulo, na espessura mais fina que puder. Limpe o excesso de farinha na massa e pincele com ovo batido todas as bordas do retângulo.

Espalhe uma fina camada do recheio, salpique as migalhas e o açúcar com canela. Como opção às migalhas, utilize aveia ou mesmo granola sem pedaços muito grandes. Enrole de uma ponta a outra, estirando durante o movimento. Limpe a massa de quaisquer resquícios de farinha e faça fatias de 4 cm. Disponha sobre assadeirada forrada. Cubra com filme plástico e leve o produto ao refrigerador até estar bem frio antes de levar ao forno (pincelado com ovo batido). A massa pura ou os biscoitos formados podem ser congelados por até 30 dias.

Cocção

A 180 °C, por cerca de 20 minutos, ou até estarem bem dourados e firmes no centro. O produto final deve estar bem assado, corado e crocante.

Finalização

Decore com linhas de chocolate ou pulverize com açúcar impalpável.

Rugelach.

Biscoito de chocolate recheado

A receita é para quem gosta de chocolate em dose dupla, mas a massa pode ser recheada com os sabores de sua preferência.

Ingredientes

Manteiga em temperatura ambiente..240 g
Sal .... 1 colher (chá)
Açúcar.. 1 ½ xícara
Extrato de baunilha .... 1 colher (sopa)
Chocolate meio amargo, derretido ....240 g
Ovos..6 unidades
Farinha de trigo comum..¼ de xícara
Cacau em pó estilo holandês...¾ de xícara
Bicarbonato de sódio.. ¼ de colher (chá)

Instruções – método cremoso

Misture a manteiga, o sal, o açúcar e a baunilha até obter um creme pastoso e uniforme. Adicione o chocolate derretido e misture agilmente. Agregue os ovos, em três adições, limpando a tigela durante todo o processo. Acrescente os secos peneirados (a farinha e o cacau em pó), até estarem incorporados. Embale em filme plástico e leve ao refrigerador por 12 horas.

Manipulação e modelagem

A modelagem ideal é obtida por moldes detalhados (preferencialmente de silicone ou borracha). Polvilhe o molde com farinha entre um biscoito e outro. Faça uma bolinha de cerca de 20 g ou no tamanho condizente com o molde. Empurre a massa firmemente no molde para garantir que todos os detalhes sejam estampados. Deposite em assadeira forrada e resfrie por 45 minutos antes da cocção.

Cocção

A 170 °C, por 15 minutos, ou até estarem firmes no centro.

RECHEIO: CREME DE MANTEIGA SUÍÇO – ingredientes

Claras (preferencialmente envelhecidas[2]) ....240 g
Açúcar ....340 g
Cremor de tártaro.. ⅛ de colher (chá)
Manteiga em temperatura ambiente..600 g
Extrato de baunilha .... 1 colher (sopa)

---

2 Claras previamente separadas da gema e deixadas no refrigerador de dois a quatro dias, para uma parcela de água evaporar e tornar a proteína mais rala. Claras assim envelhecidas formam espuma mais depressa.

Instruções

Em banho-maria fervilhante, disponha a tigela da batedeira com as claras, o açúcar e o cremor de tártaro e bata ininterruptamente com fouet até que marque 55 °C. Transfira para a batedeira e bata (com o globo) até obter um merengue brilhante e espesso. Prepare a manteiga com a baunilha, batendo manualmente ou na batedeira (com a raquete) até obter uma textura fina de pomada, brilhante e homogênea. Coloque a manteiga em um saco de confeitar descartável e, quando o merengue estiver levemente morno (não quente), faça a extrusão pouco a pouco, até que toda a pomada esteja misturada, batendo até obter um creme homogêneo.

Variações

- Chocolate: 3 colheres (sopa) de cacau em pó (preferencialmente, estilo holandês) diluídas em 2 colheres (sopa) de água fervente, para 200 g de creme.
- Framboesa (ou sua fruta de preferência em compota ou geleia): 2 colheres (sopa) de geleia para 200 g de creme. Se necessário, ajuste a coloração com 1 ou 2 gotas de corante vermelho.
- Praline: 2 colheres (sopa) de pasta de avelã para 100 g de creme.
- Café: 2 colheres (sopa) de café solúvel dissolvido em 2 colheres (sopa) de café coado para 300 g de creme.

Finalização

Com o biscoito em temperatura ambiente, recheie com o auxílio de uma manga de confeiteiro, sem exagerar na quantidade.

Biscoito de chocolate recheado.

LEVES, CROCANTES, QUE DERRETEM NA BOCA, esses biscoitos são o acompanhamento perfeito para um chá da tarde. Mangueados criativamente ou obtidos com uma pistola formadora de biscoitos, podem ser decorados com chocolate, fondant, geleias... Qualquer que seja a ferramenta que você escolha, tenha paciência até dominar a pressão e a velocidade de dispensa da massa. Não se preocupe com a irregularidade do princípio, pois não há mal algum em jogar a sua primeira prática com a massa de volta para a tigela e refazer os biscoitos.

BISCOITOS POR EXTRUSÃO E MANGUEADOS

Biscoito Strassburger

De origem dinamarquesa e muito delicado, é flavorizado com baunilha e cardamomo.

Ingredientes

Manteiga em temperatura ambiente..170 g
Açúcar de confeiteiro...115 g
Extrato de baunilha ....7 g
Ovo..1 unidade
Gemas...2 unidades
Farinha de trigo de baixo glúten ....280 g
Cardamomo em pó.. 1 colher (chá) ou 4 g
Chocolate para cobertura ....120 g

Instruções – método cremoso

Bata a manteiga e o açúcar até obter uma pasta homogênea, mas sem muita adição de ar. Adicione a baunilha, o ovo e as gemas e misture bem, limpando a tigela algumas vezes. Acrescente a farinha de trigo peneirada com o cardamomo e misture até formar uma massa de consistência firme, mas fácil de ser trabalhada na manga de confeitar. Ajuste a consistência da massa com a sobra de clara de ovo, caso necessário.

Manipulação e modelagem

Com a manga de confeitar, dispense a massa em desenhos criativos (como S, alongados, redondos, zigue-zagues, ferraduras, conchas). É possível dispor todos em uma mesma assadeira (forrada), desde que tenham o mesmo tamanho, para que a cocção seja uniforme.

Cocção

A 180 °C, por 15 minutos.

Finalização

Cubra as pontas com chocolate, decore com geleias ou simplesmente pulverize com açúcar impalpável.

Biscoito Strassburger.

Spritz

Spritzgebäck, amanteigado clássico, é bastante popular na Alemanha e na Escandinávia. A tradução literal de spritz é "esguicho". Embora seja considerado um biscoito de Natal, alegremente aceito um prato cheio de spritz qualquer dia do ano.

Ingredientes

Pasta de amêndoa	350 g
Açúcar	160 g
Extrato de amêndoa	1 colher (chá)
Sal	1 colher (chá)
Manteiga em temperatura ambiente	350 g
Farinha de trigo de baixo glúten	230 g
Farinha de trigo para pão	160 g
Fermento em pó químico	½ colher (chá)
Claras	3 unidades ou 85 g

Instruções – método sablage

Misture a pasta de amêndoa, o açúcar, o extrato de amêndoa e o sal até obter uma mistura arenosa, com grãos pequenos de mesmo tamanho (não deixe irregularidades, ou terá problemas para a dispensa). Adicione a manteiga amolecida e misture até obter uma pasta. Acrescente os ingredientes secos peneirados e misture bem. Não mexa demais. Combine as claras em três partes iguais, limpando a tigela depois de cada adição. Se necessário, agregue um pouco de clara para a massa ficar em uma consistência fácil de ser trabalhada na manga de confeitar.

Manipulação e modelagem

Com uma manga e o bico crespo médio, modele em rosetas, círculos e outras formas que deseje. Independentemente da modelagem, faça os biscoitos todos de mesmo tamanho, para a cocção ser uniforme. Em rosetas e círculos, faça um orifício no centro e deposite geleia de sua escolha, ou uma cereja. Se quiser, polvilhe com amêndoas fatiadas.

Cocção

A 190 °C, por 10 a 12 minutos, até os biscoitos estarem com as bordas caramelizadas.

Spritz antes da cocção.

Spritz glaceado.

FINALIZAÇÃO (OPCIONAL): GLACEADO DE BAUNILHA – ingredientes

Açúcar impalpável	3 xícaras
Xarope de milho	3 colheres (sopa)
Fava de baunilha	1 unidade
Leite	¼ de xícara
Corante alimentício líquido vermelho	1 colher (chá)

Instruções

Peneire o açúcar impalpável em uma tigela grande. Agregue o xarope de milho, a baunilha e ⅔ da quantidade de leite. Acrescente o corante de sua preferência, ou utilize sem corante para uma finalização mais natural. Misture bem e ajuste a consistência com o restante do leite, colocando mais, se necessário, para uma consistência líquida, porém não aguada.

Finalização

Disponha um filme plástico sobre uma assadeira e coloque uma grade de confeitaria. Distribua os biscoitos com espaço suficiente para o glaceado escorrer. Despeje o glaceado e salpique com açúcar colorido, chocolate granulado, amêndoas laminadas tostadas...

Macaron francês

Ele está presente na vitrine de toda doceria que se preze. O macaron é composto de dois discos de merengue de amêndoa, colorido e às vezes flavorizado criativamente e, então, recheado por infinitas opções, baseadas em caramelo, ganache, creme de manteiga, mousse, geleias ou confitures.

Há duas maneiras de preparar a casca (coque) ou massa dos macarons: com um merengue italiano ou com um merengue francês. Eu prefiro o merengue italiano, para melhores consistência, textura e aparência. Ambos – açúcar granulado e açúcar de confeiteiro – fazem parte de quaisquer receitas de macaron francês. O açúcar de confeiteiro utilizado na montagem das claras aumenta a temperatura de coagulação das proteínas delas, facilitando a expansão antes da secagem. Já o açúcar granulado, que, mesmo sendo higroscópico (absorve umidade), entra na receita de maneira invertida (em forma de calda), não necessita absorver a água presente nas claras: agrega em vez de competir. As cadeias de açúcar se combinam com as moléculas de água para dar a sustentabilidade necessária. Por retardar a evaporação da água, o açúcar invertido mantém a mistura coesa até que esteja firme o suficiente para não perder sua forma.

MERENGUE ITALIANO – ingredientes

Água ....75 g
Açúcar ....300 g
Claras...110 g
Cremor de tártaro.. ⅛ de colher (chá)

Instruções

Em uma panela pequena e livre de quaisquer impurezas, faça uma calda com a água e o açúcar, até que atinja 118 °C. Na batedeira (com o globo), bata as claras e o cremor de tártaro, em velocidade alta. Vagarosamente, verta a calda (a 118 °C) em fio sobre as claras montadas, agora batendo em velocidade média-baixa, até que esteja absorvida. Aumente novamente a velocidade e bata até que o merengue se componha e esfrie para cerca de 35 °C.

MASSA (COQUE) – ingredientes

Açúcar de confeiteiro...300 g
Farinha de amêndoa ....300 g
Claras...110 g

Instruções

Enquanto o merengue esfria batendo, prepare a base da massa à qual o merengue será incorporado. Em uma tigela grande, misture o açúcar e a farinha de amêndoa (como dizem os franceses, *tant pour tant*, ou seja, a mesma quantidade de açúcar e de farinha) e peneire duas vezes. Adicione as claras e bata com o globo em velocidade alta até obter uma massa hidratada. Com o merengue a 35 °C, cuidadosamente o agregue, de maneira envolvente. Misture com a espátula, de forma suave, até obter uma pasta brilhante e firme. Quando levantada, deve cair da espátula suavemente, não escorrendo.

Manipulação e modelagem

Disponha a massa com a manga de confeitar (bico liso) em assadeira forrada com silpat, deixando espaço de 2 cm entre as peças. Quando preencher a assadeira, bata-a no canto da mesa algumas vezes, firmemente, para liberar bolhas. Deixe as peças secarem por 1 hora, descobertas, até que se forme uma pele.

Cocção

A 160 °C, por 5 minutos, e depois por 150 °C com a porta do forno entreaberta, por 8 a 10 minutos. O macaron não deve ter coloração de tostado, então vigie a cocção nos minutos finais. Deixe que esfriem antes de recheá-los. (Após recheadas, as cascas de macaron se tornam mais e mais úmidas e menos crocantes. Assim, recheie apenas o necessário para 8 a 12 horas.) Se não utilizar as cascas imediatamente, acomode-as sem recheio em uma embalagem plástica bem fechada por até 60 dias no freezer.

Sabores & cores

- MACARONS DE CHOCOLATE: adicione 18 g cacau em pó à pasta, ajustando com 1 colher (chá) de clara + ¼ colher (chá) de corante alimentar vermelho em gel.
- MACARONS DE CAFÉ: adicione 1 colher (sopa) de extrato de café à pasta.
- VARIEDADE DE CORES: adicione cerca de 1 colher (chá) de corante (minha preferência é em gel) e ajuste segundo seu padrão.

Recheios

- GANACHE: ferva 200 g de creme de leite fresco + 1 colher (sopa) de glicose de milho (ou açúcar invertido) e despeje sobre 300 g de chocolate 65%. Adicione 35 g de manteiga e emulsione. Refrigere até estar firme o suficiente para colocar em saco de confeitar.
- CARAMELO: em uma panela pequena bem limpa, traga 150 g de açúcar + 30 g de água e cozinhe em fogo médio até obter um caramelo âmbar. Enquanto

Macaron francês (chocolate).

isso, amorne 150 g de creme de leite fresco. Quando o caramelo chegar à cor de sua preferência, faça um deglaceamento[1] com o creme de leite morno, misture e cozinhe em fogo médio por outros 2 minutos, até obter um caramelo bem composto. Transfira para uma tigela e adicione 30 g de manteiga em temperatura ambiente + 2 g de fleur de sel + 70 g de chocolate ao leite derretido. Emulsione e quando chegar à temperatura ambiente transfira para uma manga de confeitar.

- CONFITURE (DE MARACUJÁ E BANANA): amasse 170 g de banana e deposite-a em uma panela pequena com 60 g de suco concentrado de maracujá + 100 g de açúcar. Cozinhe até ferver, mexendo ininterruptamente. Em uma tigela pequena, misture 3 colheres (sopa) de açúcar + 1 colher (chá) de pectina de maçã e adicione ao confiture em ebulição. Mexendo-o sempre, traga-o para uma textura de geleia ou confiture. Deixe esfriar e despeje em saco de confeiteiro.

---

1 O deglaceamento é uma técnica culinária simples em que se adiciona um líquido à preparação em um estágio avançado da cocção, permitindo que os grânulos caramelizados grudados no fundo da panela se soltem.

ESTES DELICADOS ITENS são assim chamados em razão de sua consistência antes da cocção: muito líquidos, não podem ser assados livres. São misturas, não massas (ver página 98). Lindos, os biscoitos moldados abrangem alguns clássicos da confeitaria. Ao estilo purista, apresento a técnica, mas nos sabores trago inovações que podem inspirar meu leitor.

BISCOITOS MOLDADOS

Financier de yuzu

O financier, biscoito com textura de bolo à base de amêndoas, foi criado por um padeiro chamado Lasne no distrito financeiro de Paris em torno de 1890. O nome homenageia os ricos banqueiros e economistas (financiers) que frequentavam sua padaria, para ser apreciado sem utensílios mas firme o suficiente para não oferecer risco para o terno, a camisa ou a gravata do cliente. A modelagem tradicional remete a barras de ouro, mas hoje pode tomar as formas mais diversas. Nos últimos anos, os financiers foram elevados de bolo de biscoito para os menus de sobremesa de bons restaurantes, com uma variedade de elegantes decorações, formas e sabores. Aqui partimos da receita tradicional ("financier nature"), perfumada com o yuzu, fruta cítrica oriunda do leste chinês e conhecida como limão asiático.

Ingredientes

Pasta de amêndoas, ralada ....300 g
Raspas de limão ....1 unidade
Suco de yuzu ....2 colheres (sopa)
Sal .... ¼ de colher (chá)
Açúcar ....300 g
Ovos...4 unidades
Claras..100 g
Beurre noisette..290 g
Farinha de trigo de baixo glúten ....200 g
Fermento em pó químico .... ½ colher (chá)

Instruções

Na batedeira (com a raquete), misture a pasta de amêndoa ralada, as raspas de limão, o suco de yuzu, o sal e o açúcar até obter uma textura arenosa. Acrescente os ovos e as claras e incorpore lentamente, em três adições. Adicione metade da manteiga derretida refrigerada e misture bem. Adicione ⅓ dos ingredientes secos peneirados. Repita a operação, continue a misturar, e coloque o último terço dos secos, até obter um resultado liso, homogêneo e brilhante.

Manipulação e modelagem

Transfira a mistura para um saco de confeitar e encha ¾ do molde de silicone. Caso utilize outro molde que não de silicone, não se esqueça de untá-lo.

Cocção

A 175 °C, por cerca de 20 minutos, ou até estarem dourados.

Variações

Para cada 200 g de mistura, substituindo o yuzu concentrado conforme abaixo:

- BAUNILHA E MIRTILO: 100 g de mirtilo congelado + 1 fava de baunilha (sementinhas apenas).
- PISTACHO: 1 colher (sopa) de pasta de pistacho + 80 g pistacho torrado e picado.
- PRALINE: 3 colheres (sopa) de pasta de avelã.

Financier de yuzu.

Madeleine de mel & matcha

Diz a lenda que este biscoito francês, de textura esponjosa e assado em uma fôrma que reproduz conchas alongadas, foi criado em um convento de freiras em Commercy. O nome com o qual ficou conhecido se deve à Maria Antonieta, pois era a sobremesa preferida da rainha. A gordura utilizada, usualmente beurre noisette, outorga-lhe um sabor amendoado. A noisette deve ser elaborada com antecedência para estar de morna à temperatura ambiente quando adicionada à mistura. (Se colocada quente, altera a textura desses delicados itens.)

O matcha (chá verde em pó) é um ingrediente fundamental na tradicional cerimônia de chá japonesa, que data do século XII. Vemos hoje uma explosão de produtos flavorizados com o chá verde em pó, em razão do apelo visual, dos benefícios à saúde e da distinção em sabor. O intenso processo laboral a que o matcha é submetido torna-o mais caro do que a maioria dos flavorizantes. Combinado com mel, faz uma receita imperdível.

Ingredientes

Matcha	1 colher (sopa)
Leite morno	2 colheres (sopa)
Ovos	4 unidades
Açúcar	½ xícara
Sal	½ colher (chá)
Raspas de laranja	1 colher (chá)
Mel	2/3 de xícara
Extrato de baunilha	1 colher (chá)
Corante alimentar líquido	2 gotas
Farinha de trigo comum	2 xícaras
Fermento em pó químico	1 ½ colher (chá)
Beurre noisette em temperatura ambiente	1 ½ xícara

Instruções – método esponjoso

Dissolva o matcha no leite morno (esse chá verde em pó nunca deve ser fervido, pois se torna amargo) e reserve. Na batedeira (com o globo), bata os ovos, o açúcar, o sal e as raspas até formarem uma esponja densa. Acrescente o mel, a baunilha, o matcha dissolvido e o corante. Peneire os ingredientes secos e adicione-os aos poucos, com a batedeira em velocidade baixa, misturando cuidadosamente. Assim que incorporar a última quantidade de secos, acrescente a noisette, batendo em velocidade média por 1 minuto, até obter uma mistura homogênea.

Manipulação e modelagem

Transfira a mistura para uma manga de confeitar sem bico e a distribua em fôrmas específicas para madeleine (conchas) de silicone. Em caso de fôrmas de metal, lembre-se de untá-las. Tanto em fôrma de silicone como de metal, preencha ¾ do molde.

Cocção

A 180 °C, por cerca de 8 a 10 minutos, ou até estarem levemente douradas e firmes no centro, mas ainda cedendo ao toque.

Madeleine de mel & matcha.

Madeleine red velvet

As adoráveis madeleines mostram seu lado festivo se embelezando com uma coloração vermelha e um toque de cacau natural.

Ingredientes

Beurre noisette em temperature ambiente ....230 g
Açúcar ....240 g
Ovos...4 unidades
Extrado de baunilha .... 1 colher (sopa)
Corante em gel vermelho ....2 colheres (sopa)
Leite ....2 colheres (sopa)
Cacau em pó natural...15 g
Farinha de trigo comum...180 g
Amido de milho..2 colheres (sopa)
Fermento em pó químico .... 1 colher (sopa)
Sal marinho .... 1 colher (chá)

Instruções

Na batedeira (com o globo), bata a noisette e o açúcar até obter um creme pálido e cremoso. Agregue os ovos e misture, emulsionando-os. Adicione a baunilha e o corante dissolvido no leite. Agregue os ingredientes secos peneirados e misture até um resultado liso e homogêneo. Leve a mistura para refrigerar por pelo menos 1 hora antes de colocá-la nos moldes e assar.[1]

Cocção

A 160 °C, por 15 minutos, ou até estarem firmes no centro.

---

1   A massa também pode ser assada e utilizada como um bolo. Espalhe-a em assadeira preparada, nivele e asse até estar firme no centro.

Madeleine red velvet.

Cannelé de Bordeaux

Estes biscoitos cilíndricos, provenientes da região francesa de Bordeaux, têm um centro cremoso e macio aliado a uma crosta grossa e carameliza-da. São perfumados com baunilha e rum, e é difícil encontrar alguém que não ame essa guloseima.

A elaboração da mistura de cannelé, apesar de simples, precisa ser muito criteriosa. A manipulação, a moldagem e o ajuste da temperatura de coc-ção formam um processo que exige experiência. Seja paciente e lembre que a prática faz a perfeição! Assim, siga os princípios abaixo:

- **INVISTA EM UM BOM MOLDE.** Um de silicone de qualidade, além de prático, produz um cannelé excelente. Os de cobre exigem um preparo longo, que começa com o untado que deve ser elaborado com cera de abelha e manteiga, para proporcionar uma modelagem eficaz.

- **CALOR ELEVADO NO INÍCIO DA COCÇÃO INCENTIVA A FORMAÇÃO DA CASCA,** especialmente na parte inferior do molde. Para facilitar isso, asse os cannelés sobre uma pedra preaquecida e preaqueça a assadeira em que irá depositar os moldes. Ou seja, quando o forno estiver à temperatura correta, retire os moldes do congelador, deposite-os sobre a assadeira superaquecida e despeje a mistura. Imediatamente coloque no forno e não abra a porta antes de pelo menos 40 minutos do processo.

- **SE O CANNELÉ SE EXPANDIR MUITO RAPIDAMENTE** sem ter tido tempo de formar a pele protetora, ele vazará do molde ou se inflará demasiadamente. É fundamental vigiá-los cuidadosamente nos primeiros 30 minutos sem os perturbar. (Ver os detalhes da cocção; página seguinte.)

- **NÃO ASSE O CANNELÉ ATÉ QUASE QUEIMADO** ou quase preto no topo. Há uma grande diferença entre caramelizado e carbonizado – em sabor, textura e aparência.

Ingredientes

Leite ....1 L
Favas de baunilha..2 unidades
Açúcar...475 g
Ovos...2 unidades
Gemas..4 unidades
Pasta ou extrato de baunilha .... 1 colher (sopa)
Farinha de trigo comum...280 g
Manteiga derretida ....60 g
Rum..½ xícara

Instruções

Prepare primeiro a flavorização: em fogo médio, misture o leite e as favas de baunilha abertas e com as sementinhas, somente até abrir fervura, apagando o fogo quando as bordas começarem a borbulhar. Tampe a panela e deixe o líquido arrefecer com a baunilha dentro por no mínimo 1 hora (o ideal são 12 horas, em refrigerador). No momento do preparo, leve novamente o leite flavorizado ao fogo, juntando o açúcar até abrir fervura. Deixe arrefecer a 42 °C. Enquanto isso, em uma tigela, bata com um fouet os ovos, as gemas e a pasta de baunilha, mas não além do suficiente para romper as membranas e os combinar. Adicione o leite arrefecido (42 °C) e bata bem, sem formar espuma. Adicione a farinha de trigo peneirada, para obter uma mistura lisa. Adicione a manteiga derretida e mexa para incorporá-la. Peneire e descarte as favas de baunilha, pressionando a mistura na peneira com uma espátula. Adicione o rum e misture bem, mas evite a incorporação de ar. Cubra a mistura e deixe-a descansar no refrigerador, coberta com filme plástico, por 24 horas.

Manipulação e modelagem

Coloque os moldes no freezer por 30 minutos. Leve uma pedra (por exemplo, para pizza) na parte inferior do forno e coloque uma assadeira na parte superior. Preaqueça o forno a 230 °C. Quando o forno estiver pronto, retire os moldes do freezer e retire a assadeira preaquecida do forno, forre-a com papel vegetal e, em seguida, coloque o molde sobre a assadeira aquecida. Coloque a mistura em manga de confeitar e preencha os moldes, deixando apenas 2 cm de espaço antes do topo.

Cocção

Disponha a assadeira contendo os moldes preenchidos cuidadosamente no centro do forno, por 30 minutos. O cannelé vai começar a borbulhar, expandindo-se para fora dos moldes. Quando se erguerem mais de 1 cm acima da borda do molde, remova o molde do forno, permitindo ao cannelé afundar dentro do molde e, em seguida, devolvendo-o ao forno.
A esse ponto, diminua a temperatura para 200 °C e permita que o cannelé termine o cozimento

(cerca de 45 minutos). Quando a cor desejada for alcançada no topo (superdourada), novamente remova um molde do forno. Deixe que o cannelé esfrie por alguns minutos e, em seguida, inverta o molde. Caso você esteja satisfeito com a cor do doce, retire o restante do forno. Espere que os cannelés esfriem ligeiramente para desenformá-los. Caso não considere o cannelé bom, coloque-o novamente no molde e asse o lote mais tempo. O cannelé deve arrefecer na prateleira por 30 minutos antes de ser servido ou embalado e é melhor quando consumido até 5 horas após a cocção. Caso contrário, conserve-o em geladeira bem embalado em plástico filme, e aqueça-o em forno bem quente por 5 minutos antes de servi-lo.

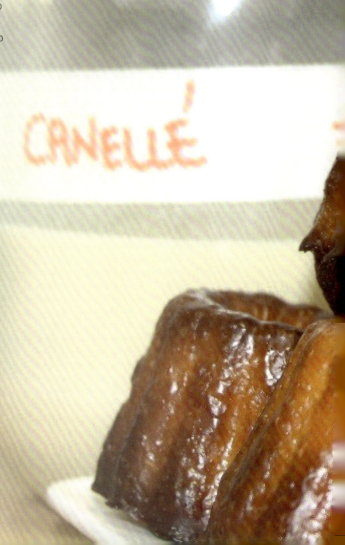

Cannelé de Bordeaux.

TUILES, EMBORA TENHAM SUAS VARIAÇÕES, expressam uma categoria de biscoitos finos, que têm em comum a qualidade de uma massa fina, assada por apenas alguns minutos e modelada ainda quente. Outros, baseados em açúcar, manteiga e nozes/avelãs/amêndoas, como florentines, além das diferenças na proporção nas receitas, são frequentemente utilizados na preparação de peças ornamentais.

Sempre faça um teste e observe como podem ser moldados e quanto tempo você vai ter que trabalhar para moldá-los. Além disso, asse uma pequena quantidade (por exemplo, 5 ou 6 a cada vez), pois, como devem ser moldados ainda mornos, haverá tempo de trabalhar com cada um. Caso não consiga fazer a moldagem, volte a aquecer o biscoito por alguns segundos, para torná-lo maleável novamente.

BISCOITOS FINOS E DECORATIVOS

Tuile de mel

Tuile, palavra francesa para "telha", designa uma preparação muito fina, leve e curvada, como os telhados das casas francesas, particularmente as da Provença. Para obter a forma curvada, é possível utilizar uma taça, uma garrafa de vinho ou um rolo. Os biscoitos devem ser curvados enquanto quentes, caso contrário racham ou quebram. Tuiles geralmente são apresentados alinhados, quando exibidos em um bufê, ou empilhados (2 ou 3) como petit-four.

Ingredientes

Farinha de trigo de baixo glúten .... 1 ½ xícara
Açúcar de confeiteiro, peneirado .... 1 ½ xícara
Manteiga amolecida .... 170 g
Mel .... 90 mL
Claras..3 unidades

Instruções

Em um processador, coloque os secos peneirados, a manteiga e o mel e pulse até que a massa comece a se formar. Adicione as claras e pulse por mais 1 minuto até obter uma massa lisa. A massa pode ser mantida no refrigerador bem embalada por filme plástico por até 15 dias. (Retire-a da geladeira 5 minutos antes de começar a utilizá-la.) No congelador, a massa dura até 30 dias.

Manipulação

Forre uma assadeira com silpat. Escolha o template ou estêncil de sua preferência e despeje uma pequena quantidade da mistura, espalhando com uma espátula offset (para obter uma camada muito fina).

Cocção

A 180 °C, por 4 a 5 minutos, até ficar firme.

Modelagem

Imediatamente coloque a massa assada sobre uma tigela pequena e dê a forma de tulipa. No caso de outras formas, modele conforme a preferência (por exemplo, enrolando tiras recém-assadas em um cilindro). Repita a operação de colocar a mistura no template, assar e modelar. Não faça mais de 6 a cada vez, ou o tuile esfria e não dá tempo de modelá-lo. Mantenha os tuiles em recipientes hermeticamente fechados, com um dissecante alimentar, para que a umidade do ambiente não os descaracterize.

Tuiles.

Florentine

Florentines são crocantes, delicadas e flexíveis quando recém-retiradas do forno, o que permite que sejam modeladas em formas diversas (charutos, cestas ou, simplesmente, planas). São frequentemente mergulhadas em chocolate e servidas com chá e sorvete. A receita é creditada aos padeiros austríacos que trabalhavam na cidade italiana de Florença, os quais misturavam açúcar, manteiga, amêndoas e frutas cristalizadas.

Ingredientes

Açúcar ....450 g
Sal ....5 g
Manteiga em temperatura ambiente........................320 g
Mel ....120 g
Água ....120 g
Avelãs, picadas ....450 g
Farinha de trigo para pão.......................................160 g
Canela em pó... ½ colher (chá)
Chocolate para cobertura ....100 g

Instruções

Em uma panela (fogo médio), misture o açúcar, o sal, a manteiga, o mel e a água e deixe fervilhar somente para derreter a manteiga e dissolver ligeiramente os açúcares, mexendo sempre com uma espátula. Quando o açúcar estiver dissolvido, retire a mistura do fogo e deixe amornar (42 °C). Adicione os ingredientes secos e misture bem.

Manipulação e modelagem

Cubra a mistura com filme plástico e leve-a ao refrigerador por pelo menos 1 hora, a fim de que firme o suficiente para ser manipulada. Enquanto isso, reúna moldes (de silicone para muffin são meus favoritos), assadeiras forradas, cortadores, espátulas, luvas, elementos para modelagem (copos, rolo de padeiro etc.). Embora seja possível assar esta receita de florentine livremente e formá-la depois (como tuiles), a tarefa pode ser bem complexa. Usualmente a manteiga se separa muito da massa durante a cocção, fazendo-a se esparramar desmedidamente. Por isso, prefiro obter as florentines em moldes de silicone, para um resultado perfeito!

Cocção

A 180 °C, por 10 minutos, ou até que estejam em cor caramelo médio. Retire do forno e modele imediatamente. Decore com chocolate derretido.

Florentine.

REFERÊNCIAS

FIGONI, Paula. **How baking works**. Hoboken: John Wiley and Sons, 2004.

FRIBERG, Bo. **The advanced professional pastry chef**. Hoboken: John Wiley and Sons, 2003.

GISSLEN, Wayne. **Professional baking**. 7. ed. Hoboken: Wiley, 2016.

HARDING, Anneliese. **The edible mass medium**: traditional European cookie molds of the seventeenth, eighteenth, and nineteenth centuries. Cambridge: Harvard University, 1975.

LEEB, Olli. **My favorite cookies from the old country**: loved recipes assembled. Nördlingen: Druckerei & Verlag, 1998.

MALGIERI, Nick. **How to bake**. New York: HarperCollins, 1995.

PAGE, Karen & DORNENBURG, Andrew. **The flavor bible**. London: Little, Brown and Company, 2008.

ROUX, Albert. **The roux brothers on patisserie**. London: Little, Brown, 1986.

RUHLMAN, Michael. **Ratio**: the simple codes behind the craft of everyday cooking. New York: Scribner, 2009.

WILSON, C. Anne. **Food and drink in Britain**. Chicago: Academy Chicago Publishers, 1973.

YARD, Sherry. **The secrets of baking**. New York: Houghton Mifflin Co., 2003.

ÍNDICE DE RECEITAS

Biscoito de batata-doce & aveia, 190
Biscoito de chocolate craquelado, 132
Biscoito de chocolate recheado, 234
Biscoito de polvilho da Fazenda Cegonha, 176
Biscoito digestivo vegano, 187
Biscoito dos milionários, 159
Biscoito Strassburger, 238
Biscoito vegano rápido, 188
Biscoito xadrez (checkerboard cookie), 144
Boda mexicana vegana, 192
Bourbon & custard cream biscuit, 226
Broa airosa (choux de fubá), 180
Brownie de tahine (glúten free), 170
Brownie extravagante de chocolate, 155
Brownie vegano, 191
Cannelé de Bordeaux, 254
Cantucci de amêndoas e café, 154
Chipa paraguaia, 178
Cookie com gotas de chocolate 100% integral, 126
Cookie com gotas de chocolate tradicional (chocolate chip cookie), 123
Cookie de chocolate ao azeite de oliva & sal maldon, 127
Cookie Romeu & Julieta, 128
Crinkle de limão-siciliano, 134
Crumiri, 182
Diamante, 204
Financier de yuzu, 248
Florentine, 262
Gingersnaps, 136
Glacê real, 210
Homem biscoito de gengibre (gingerbread man), 202
Icebox cookie de café & pistacho, 140
Icebox cookie de chocolate, 143
Icebox cookie de laranja, 142
Linzer, 230
Ma'amoul, 220
Macaron francês, 242
Madeleine de mel & matcha, 250
Madeleine red velvet, 252
Merengue vegano, 67
Mochi de chocolate & matcha (glúten free), 171
Morning glory cookie, 166
My favorite oatmeal cookie, 168
Rugelach, 231
Sablé de lavanda, 197
Sablé nantais, 196
Shortbread básico, 148
Shortbread de blue cheese, 149
Shortbread de parmigiano & cebolinha, 150
Snickerdoodle, 135
Speculaas, 219
Springerle, 214
Spritz, 240
Tuile de mel, 260